Maria Pareth

Sandwiches
Tramezzini
Bagels & Co.
Neue Ideen mit Brot

SEEHAMER
KOCHBUCH
Die besten Rezepte

Inhalt

Ob zum Frühstück, mittags als Hungerstiller oder als Begleiter zum Menü am Abend: Brot ist als Grundnahrungsmittel von unseren Tischen und Tafeln nicht mehr wegzudenken.

Wer jetzt aber spontan ans gute alte Wurstbrot in der großen Schulpause denkt, kennt die neuesten Trends aus der innovativen Küche noch nicht: Tramezzini, Bagels, Crostini, Wraps, Bruschetta oder gefüllte Pita sind nur einige der leckeren Neuigkeiten, die aus aller Herren Länder ihren Weg zu uns gefunden haben.

Aber auch Sandwiches und Burger, die schon lange ihren festen Platz in unseren Speiseplänen erobert haben, verblüffen durch immer neue Variationsmöglichkeiten.

So verschieden Herkunft und Ausführung all unserer Brot(mahl)zeiten sind, eines haben sie gemeinsam: Sie überzeugen durch Geschmack ohne großen Aufwand. Wer will schon am Ende eines langen Arbeitstages zum großen Küchen-Marathon starten, wenn man auch über die kurze Distanz medaillenverdächtige Ergebnisse erzielen kann?! Mit Brot & Co. hat man immer das richtige Fundament für Rezeptideen, die so vielfältig sind wie die Brotsorten beim Bäcker um die Ecke. Und eine Garantie auf Genuss bis zum letzten Krümel!

Kein Wunder also, dass ein Mensch im Laufe seines Lebens in der Regel Tausende von Mahlzeiten isst, in denen Brot mit von der Partie ist: vom Frühstück über das Pausenbrot, von der Biergarten-Brezen über den Griff ins Brotkörbchen im Restaurant, vom Croûton in der Suppe über den Semmelknödel bis hin zum belegten Brot als Hauptmahlzeit. Rechnet man das alles hoch, dann kommt so einiges zusammen... Tatsächlich ist Brot der Verwandlungskünstler Nummer 1 unter den Lebensmitteln, der nahezu unbegrenzte Variationen ermöglicht und mitmacht.

Ganz anders war dies noch vor 10 000 Jahren, als zum ersten Mal Brot entstand: Dafür wurde ein Getreidebrei mit Wasser angeknetet und in der Asche der Kochstelle oder auf heißen Steinen gebacken. Es war nur warm genießbar; kalt wurde es steinhart, da keine Stoffe enthalten waren, die den Teig lockerten oder aufgehen ließen. Der Sauerteig – und damit die Basis für das Brot, wie wir es heute kennen – wurde erst später und

eher zufällig entdedeckt, denn beim Stehenlassen säuerte der Teig, ging beim Backen auf und wurde innen locker und außen knusprig. Da in wärmeren Ländern die Säuerung schneller eintritt, war Brot im alten Ägypten schon zur Zeit der Pharaonen bekannt. Dort benutzte man es sogar als Zahlungsmittel, es spielte überhaupt im Wirtschaftsleben eine große Rolle und fand durch Seeleute seinen Weg nach Griechenland. Dort wurden verschiedene Zusätze wie Milch, Fett, Honig oder Gewürze ausprobiert und das so verfeinerte Brot weiter ins Römische Reich verbreitet. Mit dem Siegeszug von dessen Legionären ging auch der Triumph des Brotes in ganz Europa einher, und in jedem Land entstanden neue Sorten und Varianten.

Wie viele verschiedene Brotsorten wir heute kennen, lässt sich nicht exakt sagen, doch über mangelnde Vielfalt ist sicher nicht zu klagen. Was dem Franzosen sein Baguette, am italienischen Stiefel die Ciabatta, zur englischen Teatime ein Sandwich oder in Griechenland das Fladenbrot, wird hierzulande gekrönt durch den nicht enden wollenden Einfalls- und Sortenreichtum regionaler Bäckermeister. Kaisersemmeln oder Laugenbrezen, würzig-malziger Pumpernickel, kräftiges Natursauerteigbrot mit knuspriger Kruste und ungezählte Vollkorn-Varianten sind nur einige der Highlights einer Brotkultur in deutschsprachigen Landen, die einzigartig auf der Welt ist.

Besonders beim Natursauerteigbrot zeigt sich das ganze Können eines Bäckers, denn die Herstellung von Sauerteig ist eine Wissenschaft für sich und verlangt neben Zeit und Ruhe auch hohes handwerkliches Geschick und Fingerspitzengefühl. Und natürlich eine Sauerteigkultur, die ja schließlich die Grundlage bildet. Dabei sorgen Milchsäurebakterien durch die Vergärung von Zucker für die Bildung von Milchsäure und somit für die Säuerung und gleichzeitig auch den Namen „Sauerteig". Um ihn herzustellen, wird Roggen-Feinschrot mit lauwarmem Wasser zu einem dickflüssigen Teig verrührt und 24 Stunden an einem warmen Ort stehen gelassen. Danach werden täglich neu Vollkornmehl und Wasser zugegeben und abgewartet, bis sich auf der Oberfläche Schaum gebildet hat und der Teig säuerlich riecht. Das dauert in der Regel drei bis fünf Tage. Der so entstandene Sauerteig dient als Grundlage für spätere Teige, denn als Startkultur für den nächsten Ansatz behält der Bäcker immer eine kleine Menge zurück, die konserviert wird. Besonders wichtig ist Sauerteig als Grundzutat zu Broten, die überwiegend mit Roggen-

9

mehl gebacken werden, und ohne ihn zusammenfallen würden. Damit der Teig beim Backen aufgeht und unter der knusprigen Kruste ein locker-leckeres Innenleben bietet, bedarf es weder Hefe noch anderer Zusätze. Sauerteigbrot ist nichts für ungeduldige Bäcker, denn es braucht nicht nur bei der Vorbereitung mehr Zeit, sondern muss vor dem Backen auch reichlich ruhen können, um aufzugehen.

Kein Wunder also, dass die zeit- und arbeitsaufwändig herzustellenden Natursauerteigbrote einige Zeit durch Industrieware verdrängt wurden, die billig und vor allem schnell mit synthetischen Teigsäuerungsmitteln herzustellen ist. Den dabei verloren gegangenen echten Sauerteiggeschmack mussten künstliche Backhilfsmittel vorgaukeln. Das gestiegene Bewusstsein für gute und biologische Ernährung und die damit verbundene Nachfrage nach Natursauerteigbroten haben jedoch erfreulicherweise ein „Revival" dieses besonderen Lebensmittels möglich gemacht. Und zu Recht, denn schließlich bietet Natursauerteigbrot neben hervorragendem Geschmack und natürlichen Aromen ohne chemische Backhilfsmittel auch eine geballte Ladung wertvoller Nährstoffe. Es ist gut verträglich und hält sich ohne chemische Unterstützung lange frisch – ganz im Gegensatz zu Brot, das mit Teigsäuerungsmitteln gebacken wurde.

Wie kreativ man in Deutschland, Österreich und der Schweiz in Sachen Brot ist, zeigen allein schon die verschiedenen Bezeichnungen für ein und dasselbe Backwerk: Semmel, Brötchen,

Weck, Rundstück oder Schrippe meinen nämlich alle das Gleiche, nur mit regional unterschiedlichem Namen (wir haben uns bei den Rezeptangaben in diesem Buch übrigens an das hochdeutsche „Brötchen" gehalten). Doch nicht nur die Bezeichnung für diese Backware variiert, schier endlos ist auch die Auswahl an verschiedenen Ausführungen: Ob in der „normalen" Version, als Vollkornbrötchen, bestreut mit Sonnenblumen- oder Kürbiskernen, in Form einer Laugensemmel, in der italienischen Variante mit Olivenöl, à la Baguette länglich geformt, knusprig mit Roggenmehl gebacken oder als süßes Rosinenbrötchen – die Aufzählung kann nie das Recht auf Vollständigkeit für sich in Anspruch nehmen.

Dies alles ist Grund genug, Brot von der bloßen Wurst-Unterlage zum Hauptakteur in Sachen vielfältige Brot-Mahlzeiten zu befördern und gebührend – in Form dieses Kochbuchs – ins rechte Licht zu setzen. Dass man dabei nicht allzu viel Zeit und auch keinen Küchenmeisterbrief braucht, beweisen die folgenden Rezepte, die pfiffige und leckere Brotzeiten präsentieren. Dabei reicht die Palette von kräftigen Sattmachern über edle Luxus-Brote, die sich auch als Vorspeise zu einem tollen Menü eignen, bis hin zu süßen Schnittchen, die nicht nur das tägliche Frühstück aufwerten.

Aus der Fülle der Möglichkeiten kann Ihnen diese Auswahl nur einen kleinen Ausschnitt präsentieren, mit etwas Phantasie gibt es noch viel mehr Varianten zu entdecken!

Brotzeit vegetarisch und mit Käse

Champignon-Ziegenkäse-Sandwiches

Schlemmerschnittchen par excellence

Für 2 Portionen
2 hart gekochte Eier
5 - 6 frische Champignons
100 g Ziegengouda in Scheiben
4 Kopfsalatblätter
1 Knoblauchzehe
2 - 3 EL Mayonnaise oder Salatcreme
Salz, Pfeffer
4 Scheiben Sandwich- oder Toastbrot

1 Die Eier schälen und in Scheiben schneiden. Die Champignons putzen, die Stiele entfernen und den Rest in dünne Scheiben schneiden (geht besonders gut mit dem Gurkenhobel). Ziegengouda entrinden, vom Kopfsalat die groben Strünke ausschneiden. Den Knoblauch abziehen und zur Mayonnaise pressen, mit Salz und Pfeffer würzen.

2 Die Mayonnaise gleichmäßig auf den Brotescheiben verstreichen und jeweils mit einem Salatblatt belegen. Auf zwei Broten Eierscheiben, Ziegengouda und Champignons verteilen und jeweils mit einem Brot mit Salat abgedeckt servieren.

Zubereitungszeit: 15 Minuten

Variante: Wenn Sie Eier, Champignons und Käse sehr fein gewürfelt mit der Mayonnaise mischen und auf Salat servieren, haben Sie ein Champignon-Tatar der besonderen Art.

Portwein-Pistaziencreme-Bagels

Für 2 Portionen
100 g Frischkäse
1 EL Portwein
2 EL gehackte Pistazienkerne
Salz, Pfeffer, Paprika edelsüß
2 Bagels

Gaumenfreude schnell & lecker

Den Frischkäse mit dem Portwein glatt rühren, die Pistazienkerne unterziehen und mit Salz, Pfeffer und Paprika würzen. Die Bagels quer halbieren, gleichmäßig mit der Creme bestreichen und zusammengeklappt servieren.

Zubereitungszeit: 5 Minuten

Variante: Der Portwein lässt sich gut durch Sherry oder Cognac ersetzen.

Zucchini-Bärlauch-Tatar
Vegetarisch-frühlingsfrisch

1 Die Eier schälen und fein würfeln. Zucchini putzen und fein raspeln. Den Bärlauch putzen und fein hacken.

2 Eier, Zucchini und Bärlauch mit Olivenöl und Quark mischen und mit Salz, Pfeffer und Muskatnuss gewürzt auf Brotscheiben servieren.

Zubereitungszeit: 10 Minuten

Tipps: Dieser Brotaufstrich sollte vor dem Servieren nicht zu lange stehen, da die Zucchini sonst Wasser ziehen und die cremige Konsistenz verloren geht.

Bärlauch ist sehr würzig; wer es etwas milder mag, verwendet einfach Petersilie oder Basilikum.

Für 2 Portionen

2 hart gekochte Eier
1 kleine Zucchini (ca. 150 g)
3 - 4 Blätter Bärlauch
1 EL Olivenöl
1 EL Magerquark
Salz, Pfeffer, Muskatnuss
Brot nach Wahl

Grüne Sauce auf italienische Art
Pikant & ungewöhnlich

1 Die Petersilie von den Stängeln zupfen, die Kapern gut abtropfen lassen. Das Brötchen aushöhlen und das Innere zusammen mit Petersilie, Kapern, Pinienkernen, Sardelle, Oliven und Eigelb mit dem Pürierstab oder im Mixer zu einer glatten Masse pürieren. Mit Salz und Pfeffer würzen. Zu Brot Ihrer Wahl servieren.

Zubereitungszeit: 10 Minuten

Tipp: Zu diesem ungewöhnlichen Brotaufstrich schmeckt auch eine besondere Auflage: Vegetarisch bleibt's, wenn Sie mit Sellerieschnitzeln auftrumpfen. Dazu einfach dünne Scheiben geschälten Knollensellerie in Mehl, Ei und Semmelbröseln panieren und knusprig ausbraten. Fleischliebhaber legen sich dünn geschnittene Entenbrustscheiben aufs Brot.

Für 2 Portionen

1 Bund Petersilie
2 TL Kapern
$1/2$ Brötchen
1 TL Pinienkerne
1 Sardellenfilet
2 Oliven ohne Kern
1 Eigelb
Salz, Pfeffer
Brot nach Wahl

Wraps mit Gemüsefüllung

Wer lässt sich davon nicht gerne einwickeln?

Für 2 Portionen
1 kleine Zucchini
2 Frühlingszwiebeln
1 Möhre
1 kleine rote Paprikaschote
2 EL Olivenöl
Salz, Pfeffer
1 EL Crème fraîche
2 Weizen-Tortillas
(siehe Tipp)
2 Kopfsalatblätter

1 Zucchini und Frühlingszwiebeln putzen und in Scheiben schneiden. Möhre putzen und in Stifte schneiden (oder auf der Gemüsereibe grob raspeln). Die Paprikaschote putzen, von den Kernen und weißen Innenrippen befreien und das Fruchtfleisch in Streifen schneiden.

2 Das Öl in einer Pfanne erhitzen und das vorbereitete Gemüse darin ca. 10 Minuten bei mittlerer Hitze andünsten. Mit Salz und Pfeffer würzen und Crème fraîche untermischen.

3 Die Tortillas in einer trockenen Pfanne oder auf einem Blech ausgebreitet im Backofen kurz rösten, bis sie angewärmt sind und aufgehen. Tortillas mit Salatblättern belegen, das Gemüse darauf verteilen und Tortillas fest aufrollen. Zum Servieren quer halbieren.

Zubereitungszeit: 35 Minuten

Tipps: Tortillas sind mittlerweile in den meisten Supermärkten entweder in der Feinkostabteilung oder in der Abteilung für ausländische Lebensmittel zu bekommen. Allerdings sollte man sie vor dem Füllen immer erst kurz anbraten oder im Backofen erwärmen: So lassen sie sich leichter aufrollen und schmecken besser.

Statt in Tortillas können Sie die leckere Füllung natürlich auch in Pfannkuchen füllen.

Varianten: Für eine gelungene asiatisch-mexikanische Koproduktion sorgen 100 g frisches Thunfischfilet, das Sie in möglichst dünne Scheiben schneiden, mit etwas Sojasauce marinieren und auf die Tortillas legen.

Für Fleischliebhaber: Gebratene Hühnerbrust, mit etwas gemahlenem Chili verschärft, eignet sich als „Verstärkung" der Wraps.

Spargel-Schlemmer-Schnitten

... mit kräuterwürziger Begleitung

Für 2 Portionen

6 Stangen grüner Spargel
2 hart gekochte Eier
1 Bund gemischte Kräuter
(z.B. Kerbel, Dill, Sauerampfer,
Pimpernelle, Basilikum)
1 EL Zitronensaft
1 TL Dijon-Senf
6 EL Magerquark
Salz, Pfeffer, 1/2 TL Zucker
2 Scheiben kräftiges
Krusten- oder Bauernbrot

1 Den Spargel von den holzigen Enden befreien und in kochendem Salzwasser bissfest garen. Abgießen und gut abtropfen lassen.

2 Inzwischen die Eier schälen und möglichst fein würfeln. Die Kräuter von den Stängeln zupfen und zusammen mit Zitronensaft und Senf mit dem Pürierstab oder im Mixer pürieren. Kräutermasse mit Quark und Eiern mischen und mit Salz, Pfeffer und Zucker würzen.

3 Die Brote gleichmäßig mit dem Kräuterquark bestreichen und mit dem Spargel belegt servieren.

Zubereitungszeit: 25 Minuten

Variante: Ein edler Begleiter zu Spargel ist z.B. Graved Lachs. Belegen Sie die Brote mit dünnen Scheiben davon, nachdem Sie sie mit Kräuterquark bestrichen haben. Auch kaltes Roastbeef oder dünn aufgeschnittene gebratene Hühnerbrust eignen sich bestens.

Parmesancreme

Wein & Käse im Nu kombiniert

Für 2 Portionen

75 g weiche Butter
100 g frisch geriebener
Parmesan
2 EL Weißwein
Salz, Pfeffer
Brot nach Wahl

Die Butter mit Parmesan und Wein glatt rühren, salzen und pfeffern.

Zubereitungszeit: 5 Minuten

Tipp: Auf Baguette serviert, ist diese Creme eine appetitanregende Vorspeise; bestreut mit etwas Kresse wird sie auch optisch ein Genuss.

Variante: Wie wär's, wenn Sie dieselbe Menge Kräuterbutter verwenden? Das gibt zusätzlichen Geschmack, für den natürlich auch eine ausgepresste Knoblauchzehe sorgen könnte.

Brote mit Paprika-Obatzter-Rouladen

Der bayerische Klassiker im neuen Gewand

1 Knoblauch schälen, Schnittlauch in feine Röllchen schneiden.

2 Den Camembert von der Rinde befreien und den Käse zusammen mit Knoblauch, Bier und Butter mit dem Pürierstab oder im Mixer pürieren. Alles mit Salz, Pfeffer und Paprika würzen.

3 Von den Parikaschoten jeweils einen Deckel abschneiden, die Kerne und weißen Innenrippen entfernen und die Schoten so mit der Käsemasse füllen, dass keine Hohlräume entstehen. Die Schoten in Scheiben schneiden, die Brote damit belegen und mit Schnittlauchröllchen bestreut servieren.

Zubereitungszeit: 25 Minuten

Für 2 Portionen

1 Knoblauchzehe
1 Bund Schnittlauch
150 g sehr reifer Camembert
1 - 2 EL Bier
30 g weiche Butter
Salz, Pfeffer
1 TL Paprika edelsüß
2 kleine dünne
Spitzpaprikaschoten
2 Scheiben Krustenbrot

Deftiges Streifenbrot

Farbige Geschmacksvielfalt

1 Den Frischkäse mit Salz und Pfeffer würzen und in drei gleich große Portionen teilen. Die erste Portion mit Senf verrühren, das Ei schälen und Eigelb mit der Senfmasse glatt rühren. Eiweiß fein hacken und unterziehen. Die zweite Portion Käse mit Paprikamark verrühren und mit Paprika und Zucker würzen. Das Basilikum zusammen mit dem restlichen Frischkäse pürieren.

2 Die Brotscheiben abwechselnd mit den verschiedenen Käsecremes bestreichen, aufeinandersetzen, mit einer Scheibe Pumpernickel ohne Belag abschließen. Das Brot fest in Frischhaltefolie wickeln und im Kühlschrank eine Stunde ruhen lassen. Vor dem Servieren mit einem scharfen Messer diagonal in zwei Portionen teilen.

Zubereitungszeit: 20 Minuten + Kühlzeit: 1 Stunde

Für 2 Portionen

150 g Doppelrahm-Frischkäse
Salz, Pfeffer, 1 TL Senf
1 hart gekochtes Ei
$1/2$ TL Paprikamark
Paprika edelsüß
1 Prise Zucker
15 - 20 Basilikumblätter
150 g Pumpernickel
in rechteckigen Scheiben

Radieschen-Meerrettich-Aufstrich

Genuss mit Biss
Rezept zum Foto

Für 4 Portionen
8 Radieschen (ohne Grün)
6 Schnittlauchhalme
6 EL Frischkäse
1 TL Meerrettich
Salz, Pfeffer
Brot nach Wahl

1 Die Radieschen putzen und auf der Gemüsereibe grob raspeln. Den Schnittlauch in Röllchen schneiden.

2 Frischkäse mit Meerrettich glatt rühren, mit Salz und Pfeffer würzen. Die geraspelten Radieschen und den Schnittlauch unterheben.

Zubereitungszeit: 10 Minuten

Tipp: Diese Creme eignet sich hervorragend fürs nächste Picknick oder einen Biergartenbesuch mit Freunden. Sie schmeckt übrigens auf herzhaftem Sauerteigbrot ganz besonders lecker .

Feta-Avocado-Creme

Bringt griechisches Flair aufs Brot

Für 4 Portionen
$1/2$ Avocado
1 TL Zitronensaft
50 g Feta-Käse
4 EL Frischkäse
$1/2$ - 1 TL Pesto (aus dem Glas)
Salz, Pfeffer
Brot nach Wahl

Die Avocado schälen und vom Kern befreien; das Fruchtfleisch fein würfeln und mit Zitronensaft beträufeln, damit es sich nicht verfärbt. Den Feta mit einer Gabel zerdrücken und mit Frischkäse und Pesto mischen. Die Avocadowürfel unterziehen und mit Salz (nur wenig, da der Feta schon salzig ist) und Pfeffer würzen.

Zubereitungszeit: 10 Minuten

Varianten: Mit einer ausgepressten Knoblauchzehe kommt zusätzliche Würze in diesen aromatischen Brotaufstrich.

Pesto aus dem Glas lässt sich sehr gut durch frischen Basilikum, Thymian, Dill oder Schnittlauch ersetzen. Dazu einfach das Avocado-Fruchtfleisch zusammen mit allen Zutaten pürieren – das spart das Kräuter-Hacken...

Crostini mit Grappa-Zwiebeln

Knusprig & beschwipst

Für 2 Portionen
200 g Zwiebeln
2 EL Olivenöl
75 ml Gemüsebrühe
50 cl Grappa
4 Scheiben Weißbrot
(z.B. Ciabatta oder Baguette)

1 Backofen auf 200 °C vorheizen. Die Zwiebeln schälen und in Ringe schneiden. Olivenöl und die Hälfte der Gemüsebrühe in einen Topf geben und die Zwiebeln darin bei mittlerer Hitze 10 bis 15 Minuten garen, bis sie weich sind. Den Grappa zugeben und alles bei starker Hitze einreduzieren, bis fast keine Flüssigkeit mehr vorhanden ist.

2 Ein Backblech mit Alufolie belegen, die Brotscheiben darauf setzen und mit der restlichen Gemüsebrühe befeuchten. Im vorgeheizten Backofen 5 bis 10 Minuten goldbraun backen. Die Zwiebelmasse gleichmäßig darauf verteilen, weitere 5 Minuten im Ofen lassen, heiß servieren.

Zubereitungszeit: 30 Minuten

Pesto-Brote mit Tomate & Mozzarella

Italienischer geht's nicht

Für 2 Portionen
2 große Scheiben
italienisches Weißbrot
2 EL Pesto genovese
(aus dem Glas)
8 kleine Kirschtomaten
8 Mini-Kugeln Mozarella
10 Blättchen Basilikum

1 Das Weißbrot gleichmäßig mit dem Pesto bestreichen.

2 Tomaten und Mozarella-Kugeln halbieren und jeweils abwechselnd mit Basilikumblättchen auf den Broten anrichten.

Zubereitungszeit: 15 Minuten

Variante: Fingerfood für die nächste Party wird daraus, wenn Sie je eine Tomate, ein Basilikum-Blättchen und eine Mozzarella-Kugel auf Zahnstocher spießen und diesen Spieß auf ein halbes mit Pesto bestrichenes Mini-Party-Brötchen stecken.

Nussige Möhren-Rucola-Brote

Brotzeit mit Biss

1 Die Möhren putzen und grob raspeln. Rucola hacken. Ricotta mit Möhren, Rucola, Salatcreme und gemahlenen Nüssen glatt rühren, mit Salz und Pfeffer würzen. Die Pinienkerne in einer Pfanne ohne Fett goldbraun rösten.
2 Die Brotscheiben gleichmäßig mit der Möhrenmasse bestreichen und mit Pinienkernen bestreut servieren.
Zubereitungszeit: 15 Minuten

Variante: Mit verschiedenen Kräutern bekommt diese Creme jedes Mal ein neues Gesicht. Mediterran wird's mit Basilikum, Thymian oder Oregano, gartenfrisch mit Dill, Kresse oder Kerbel und kräftig-würzig mit Bärlauch. Wenn Sie die Brote dann noch mit 3 bis 4 in Scheiben geschnittenen Radieschen belegen, sorgt das zusätzlich für pikanten Geschmack.

Für 2 Portionen

1 - 2 Möhren (ca. 150 g)
100 g Rucola
1 EL Ricotta
1 EL Salatcreme oder
Mayonnaise
1 EL gemahlene
Haselnusskerne
Salz, Pfeffer
2 Scheiben Vollkornbrot
1 - 2 EL Pinienkerne

23

Rührei à la Provence

Weckt Urlaubs-Erinnerungen...

1 Die Tomaten vierteln, Stielansätze herausschneiden und die Kerne entfernen. Das Fruchtfleisch fein würfeln, die Sardellen grob hacken.
2 Eier mit Sahne verquirlen und mit Salz, Pfeffer und Kräutern der Provence würzen. In einer Pfanne die Butter zerlassen, Sardellen zugeben und 5 Minuten unter gelegentlichem Umrühren garen. Die Eiermasse hineingeben und bei mittlerer Hitze etwa 5 Minuten stocken lassen. Mit dem Pfannenwender zusammenschieben, Tomatenwürfel und Kapern dazugeben und alles fertig garen. Auf den Broten verteilen und servieren.
Zubereitungszeit: 15 Minuten

Für 2 Portionen

2 Strauchtomaten
3 - 4 Sardellenfilets
4 Eier, 3 EL Schlagsahne
Salz, Pfeffer
1 TL getrocknete Kräuter
der Provence
1 EL Butter, 1 EL Kapern
Brot nach Wahl

Brotzeit vegetarisch und mit Käse

Käse-Toast mit Bohnenkernen

Ungewöhnlich und gut!
Rezept zum Foto rechts

Für 2 Portionen
150 g dicke Bohnen (TK)
1 kleine Möhre
1 Schalotte
1 Knoblauchzehe
20 Basilikumblättchen
2 EL Olivenöl
Salz, Pfeffer
Muskatnuss
3 EL frisch geriebener Parmesan
2 EL Schlagsahne
4 Scheiben Toastbrot

1 Bohnen unaufgetaut in kochendes Salzwasser geben, 3 Minuten blanchieren, abtropfen lassen. Möhre putzen, in dünne Scheiben schneiden. Schalotte und Knoblauch abziehen, fein hacken, Basilikum fein hacken.

2 Den Backofengrill auf 200 °C vorheizen. Das Olivenöl in einer Pfanne erhitzen, Schalotte und Knoblauch darin andünsten, Bohnen und Möhren zugeben und 5 bis 10 Minuten bei mittlerer Hitze garen. Mit Salz, Pfeffer und Muskatnuss würzen, Basilikum daruntermischen.

3 Inzwischen Parmesan mit Sahne verrühren und die Käsecreme auf den Brotscheiben verteilen. Ein Backblech mit Alufolie auslegen, die Brotscheiben darauf legen und unter dem vorgeheizten Backofengrill goldbraun gratinieren. Brote auf Tellern anrichten und das Gemüse gleichmäßig darauf verteilen.

Zubereitungszeit: 25 Minuten

Käse-Sprossen-Brot

Für 2 Portionen
1/2 unbehandelte Orange
4 EL Magerquark
Salz, Pfeffer
120 g Emmentaler
1 Bund Schnittlauch
2 Scheiben Vollkornbrot
je 25 g Alfalfa- und Sojasprossen

Knackig-pikant
Rezept zum Foto auf dem Buchtitel

1 Von der Orangenschale einige Zesten abziehen, den Saft der Orange auspressen. Quark mit 2 EL Orangensaft glatt rühren, salzen und pfeffern. Käse entrinden, in feine Stifte schneiden. 2 EL davon zusammen mit der Hälfte der Zesten unter den Quark rühren. Schnittlauch halbieren.

2 Die Brote gleichmäßig mit der Quarkcreme bestreichen, restliche Käsestifte und Orangenzesten, Schnittlauch und Sprossen darauf verteilen.

Veggie-Burger mit Feta

Alles andere als nur Fleisch-Ersatz

Für 2 Portionen
1 Zucchini (ca. 150 g)
1 Schalotte
1 Ei, 5 EL Semmelbrösel
1 EL Magerquark
Salz, Pfeffer, Paprika edelsüß
1 TL getrockneter Thymian
2 EL Butterschmalz
1 große Tomate
2 Hamburger-Brötchen
2 EL Mayonnaise
2 EL Ketchup
100 g Feta-Käse
2 Kopfsalatblätter

1 Zucchini putzen und grob raspeln, Schalotte schälen und fein würfeln. Beides mit Ei, Semmelbröseln und Quark verkneten und mit Salz, Pfeffer, Paprika und Thymian würzen. Feta zerbröckeln und untermischen. Zwei runde Küchlein aus der Masse formen und im heißen Butterschmalz rundum goldbraun ausbraten.

2 Die Tomate in Scheiben schneiden. Brötchen quer halbieren, je eine Hälfte mit Ketchup und die andere mit Mayonnaise bestreichen, eine Seite mit Salat und Tomatenscheiben belegen. Die Zucchinipflanzerl darauf geben, jeweils die zweite Brötchenhälfte darauf legen und servieren.

Zubereitungszeit: 25 Minuten

Tipp: Damit die Zucchini-Küchlein nicht zerfallen, sollten sie nicht zu früh in der Pfanne gewendet werden.

Rübli-Brötchen

Nicht nur bei Hasen ein Hit

Für 2 Portionen
3 Möhren
1 Petersilienwurzel
2 EL Butterschmalz
2 Vollkornbrötchen
Salz, Pfeffer, Muskatnuss
4 EL frisch geriebener Parmesan
1 EL Schmand

1 Die Möhren putzen und grob raspeln, Petersilienwurzel schälen und fein würfeln. Butterschmalz in einer Pfanne erhitzen und die gewürfelte Petersilienwurzel darin knusprig ausbraten. Herausnehmen (das Fett in der Pfanne lassen) und auf Küchenpapier abtropfen lassen.

2 Die Brötchen waagerecht halbieren. Das Innere aushöhlen, grob zerpflücken und in der Pfanne kurz anbraten. Möhren zugeben und 5 Minuten bei mittlerer Hitze andünsten. Mit Salz, Pfeffer und Muskat würzen, Parmesan, Schmand und Petersilienwürfel unterziehen, alles gleichmäßig in die unteren Hälften der ausgehöhlten Brötchen füllen und jeweils mit der oberen Brötchenhälfte bedeckt servieren.

Zubereitungszeit: 15 Minuten

Schnelle Pita-Pizza

Feierabendtauglich: leicht & schnell

1 Backofen auf 180 °C vorheizen. Das Brot quer halbieren. Tomatenmark mit Öl verrühren, Knoblauch schälen und dazupressen. Mit Salz, Pfeffer und Thymian würzen. Gleichmäßig auf dem Brot verteilen. Den Spinat waschen, blanchieren, kalt abschrecken und gut ausdrücken. Die Frühlingszwiebeln putzen und in Ringe schneiden. Beides ebenfalls auf dem Brot verteilen.

2 Den Feta mit einer Gabel fein zerbröckeln, mit der Crème fraîche verrühren und über die Pizza geben. Im vorgeheizten Backofen ca. 15 Minuten backen.

Zubereitungszeit: 15 Minuten + Backzeit: 15 Minuten

Für 2 Portionen

1 Pita oder Fladenbrot
8 EL Tomatenmark
2 EL Olivenöl
2 Knoblauchzehen
Salz, Pfeffer
1 EL getrockneter Thymian
250 g Blattspinat
4 Frühlingszwiebeln
100 g Feta-Käse
100 g Crème fraîche

Eiersalat-Sandwiches

Beseitigt die Ostereierschwemme auf leckere Art

1 Die Eier schälen und fein würfeln (geht am besten mit dem Eierschneider). Apfel schälen, vierteln, vom Kerngehäuse befreien und das Fruchtfleisch fein würfeln. Rucola in mundgerechte Stücke schneiden. Paprika von den Kernen und weißen Innenrippen befreien und das Fruchtfleisch fein würfeln.

2 Senf mit Mayonnaise und Quark glatt rühren, mit Salz und Pfeffer würzen. Die vorbereiteten Zutaten mit dem Dressing mischen. Zwei Brotscheiben jeweils mit einem Salatblatt belegen und die Hälfte des Eiersalats darauf verteilen, mit den übrigen Brotscheiben bedecken und servieren.

Zubereitungszeit: 20 Minuten

Für 2 Portionen

2 hart gekochte Eier
1 kleiner Apfel
1/2 Bund Rucola
1/2 rote Paprikaschote
1 TL Dijon-Senf
1 EL Mayonnaise
1 EL Magerquark
Salz, Pfeffer
4 Scheiben Sandwich- oder Toast-Brot
2 Kopfsalatblätter

Mini-Brote con gusto

Geschmack ohne Grenzen

Für 4 Portionen

1 Packung Frischteig für
Baguette-Brötchen
(300 g, aus dem Kühlregal)
2 EL Olivenöl
2 EL Tomatenmark
Salz, Pfeffer
1 EL getrockneter Oregano
1 - 2 Knoblauchzehen
2 Strauchtomaten
2 Stangen Staudensellerie
2 EL Kapern
8 - 10 grüne oder
schwarze Oliven
ohne Kern

1 Backofen auf 180 °C vorheizen und ein Backblech mit Backpapier auslegen oder einfetten. Den Teig auslegen und mit einem Glas 8 bis 12 runde Teigstücke ausstechen. Olivenöl mit Tomatenmark glatt rühren und mit Salz, Pfeffer und Oregano würzen. Knoblauch schälen und dazupressen. Die Teigstücke gleichmäßig mit der Tomatencreme bestreichen.

2 Die Tomaten vierteln, Stielansätze entfernen, entkernen und das Fruchtfleisch würfeln. Sellerie putzen und möglichst fein würfeln. Kapern und Oliven sehr fein hacken. Das Gemüse gleichmäßig auf dem Teig verteilen, nochmals alles mit Salz und Pfeffer würzen und im vorgeheizten Ofen 20 Minuten backen.

Zubereitungszeit: 25 Minuten + Backzeit: 20 Minuten

Varianten: Die Variationsmöglichkeiten dieser pizza-ähnlichen Brotzeit sind unendlich. Ob Sie zusätzlich Schinken oder lieber Shrimps auflegen, den Sellerie durch Fenchel ersetzen oder statt Oliven Paprika bevorzugen, bleibt ganz Ihrem Geschmack überlassen.

Eine zusätzliche „Haube" aus 4 bis 5 EL frisch geriebenem Parmesan, gemischt mit derselben Menge Crème fraîche, stillt auch den größeren Hunger.

Einen fingerfoodtauglichen Party-Snack erhalten Sie, wenn Sie auf jeweils ein fertig belegtes Teigstück ein zweites aufsetzen und die Ränder gut andrücken. So entsteht ein Mini-Brot à la Calzone, das abgekühlt jedes Buffet ziert.

Brotzeit mit Fleisch-Beilage

Parmaschinken-Brote mit beschwipster Feige

Genuss der aromatischen Art

Für 2 Portionen
1 frische reife Feige
1 EL Sherry
1 EL Salatcreme oder Mayonnaise
1 EL Schmand
¼ - ½ TL Senf
Salz, Pfeffer
2 Scheiben Graubrot
4 Scheiben Parmaschinken

1 Die Feige in dünne Scheiben schneiden und mit dem Sherry beträufelt 5 bis 10 Minuten ziehen lassen.

2 In der Zwischenzeit die Salatcreme mit Schmand und Senf glatt rühren, mit Salz und Pfeffer würzen. Die Brote mit der Mischung bestreichen und mit dem Schinken belegen. Vor dem Servieren die Feigenscheiben abtropfen lassen und auf den Schinken legen.

Zubereitungszeit: 15 Minuten

Variante: Ersetzt man die Feige durch einige Scheiben geschälte Honigmelone, ergibt sich eine neue Variation der bekannten Vorspeise „Melone con prosciutto".

Pumpernickeltaler mit Trüffelcreme

Edel, aber nicht aufwändig

Für 2 Portionen
75 g feine getrüffelte Kalbsleberwurst
2 EL weiche Trüffelbutter
1 EL Schlagsahne
1 hart gekochtes Eigelb
Salz, Pfeffer
1 EL gehackte Pistazien
10 Pumpernickeltaler

1 Die Kalbsleberwurst mit der Trüffelbutter, Schlagsahne und dem durch ein Sieb gestrichenen Eigelb verrühren, mit Salz und Pfeffer würzen und die Pistazien unterziehen.

2 Die Brottaler gleichmäßig mit der Trüffelcreme bestrichen servieren.

Zubereitungszeit: 10 Minuten

Tipps: Noch edler (und leider auch teurer) wird's natürlich, wenn Sie echte Trüffel auf die Häppchen hobeln. Statt Pumpernickel kann man auch Toastbrot verwenden, das man allerdings aus optischen Gründen mit einem runden Glas zu Talern ausstechen sollte.

Hühnerleberbrote mit Rotwein-Begleitung

Aromatisch, kräftig, gut

1 Die Leber in der Butter mit den Kräutern rundum kräftig anbraten. Herausnehmen, mit Salz und Pfeffer würzen und etwas abkühlen lassen.

2 In der Zwischenzeit den Apfel schälen, vierteln, vom Kerngehäuse befreien und das Fruchtfleisch grob raspeln. Die groben Strunkteile der Salatblätter ausschneiden.

3 Die Mayonnaise mit Apfelraspeln, Rotwein und Preiselbeerkompott glatt rühren, mit Salz und Pfeffer würzen. Die Brotscheiben mit Salat belegen und die Apfelraspel gleichmäßig darauf verteilen. Die lauwarme Leber in Scheiben schneiden und dekorativ auf die Brote legen. Zum Servieren mit einem Klecks Preiselbeerkompott garnieren.

Zubereitungszeit: 25 Minuten

Für 2 Portionen
200 g Hühnerleber
2 EL Butter
1 TL Kräuter der Provence
Salz, Pfeffer
1 Apfel
2 Kopfsalatblätter
2 EL Mayonnaise oder
Salatcreme
1 EL Rotwein
2 TL Preiselbeerkompott
2 Scheiben Sonnenblumenbrot

Überbackene Schinken-Roquefort-Brote

Für die französischen Momente im Leben

1 Backofen auf 220 °C vorheizen. Die Brotscheiben mit dem Schinken belegen. Paprikaschote vierteln, von den weißen Innenrippen und Kernen befreien und das Fruchtfleisch in feine Streifen schneiden. Paprikastreifen auf den beiden Broten aufhäufeln und mit dem Roquefort abdecken.

2 Im vorgeheizten Backofen ca. 5 Minuten überbacken, bis der Käse geschmolzen ist.

Zubereitungszeit: 20 Minuten

Für 2 Portionen
2 Scheiben Kastenweißbrot
4 Scheiben Lachsschinken
1 Paprikaschote
(Farbe je nach Geschmack)
75 g Roquefort

Lammhackfleisch mit Minzejoghurt

Arabisch inspiriert

Rezept zum Foto

Für 2 Portionen

4 Stängel Petersilie
6 frische Minzblätter
100 g Vollmilchjoghurt
2 - 3 EL Zitronensaft
1 Zwiebel
1 - 2 Knoblauchzehen
3 EL Olivenöl
150 g Lammhackfleisch
Salz, Pfeffer
½ TL Kreuzkümmel
Paprikapulver
edelsüß und rosenscharf
1 - 2 TL Tomatenmark
2 Scheiben
Natursauerteigbrot

1 Petersilie von den Stängeln zupfen und die Blättchen fein hacken. Minze in feine Streifen schneiden. Joghurt und Zitronensaft glatt rühren und die Kräuter untermischen.

2 Zwiebel und Knoblauch abziehen und fein hacken. Das Olivenöl erhitzen, Zwiebel und Knoblauch darin glasig andünsten. Hackfleisch zufügen und unter ständigem Rühren krümelig anbraten. Mit Salz, Pfeffer, Kreuzkümmel und Paprika würzen, Tomatenmark untermischen und alles weiter braten, bis das Hackfleisch gar ist.

3 Die Pfanne vom Herd nehmen, das Hackfleisch etwas abkühlen lassen und mit dem Kräuterjoghurt mischen. Evtl. nochmals abschmecken und zum Brot servieren.

Zubereitungszeit: 25 Minuten

Pastetenbrote mit Orange

Auch als Menü-Auftakt geeignet

Für 2 Portionen

4 Wachteleier
1 Orange
2 Scheiben Kastenweißbrot
150 g Leberpastete

1 Die Eier in 5 bis 6 Minuten hart kochen, kalt abschrecken, abkühlen lassen, schälen und in Scheiben schneiden. Die Orange so schälen, dass die weiße Innenhaut mit entfernt wird, Fruchtfleisch in Scheiben schneiden.

2 Die Brotscheiben kurz im Toaster anrösten (sie sollen nur goldbraun werden) und gleichmäßig mit der Leberpastete belegen. Jeweils mit der Hälfte der Orangen- und Eierscheiben belegt servieren.

Zubereitungszeit: 15 Minuten

Wild-Curry-Brotaufstrich

Indisches Aroma-Feuerwerk

Für 2 Portionen
$1/2$ Stange Lauch
$1/4$ Knollensellerie
1 kleine Möhre
75 g Hühnerbrustfilet
2 - 3 EL Olivenöl
20 g Ananasstücke
(aus der Dose)
2 - 3 Stängel Petersilie
2 EL Quark
2 EL Frischkäse
2 EL Mayonnaise
1 TL Sojasauce
Pfeffer
$1/4$ - $1/2$ TL Curry
2 Scheiben Brot
nach Belieben

1 Lauch, Sellerie und Möhre putzen und alles in feine Streifen schneiden. Das Fleisch ebenfalls in feine Streifen schneiden und im erhitzten Öl rundum goldbraun anbraten. Das Gemüse zugeben und kurz mitbraten (es soll noch knackig sein). Die Ananas abtropfen lassen und fein würfeln. Petersilie von den Stängeln zupfen und die Blättchen fein hacken.

2 Quark mit Frischkäse, Mayonnaise und Sojasauce glatt rühren, mit Pfeffer und Curry würzen. Gemüse, Fleisch, Ananas und Petersilie unterziehen und zum Brot servieren.

Zubereitungszeit: 30 Minuten

Tipp: Dieser asiatisch anmutende Brotaufstrich kommt am besten auf frischem Natursauerteigbrot aus dem Holzofen zur Geltung. East meets West at ist best!

Varianten: Mit der milden Schärfe des Curry harmoniert Kerbel sehr gut, der mehr als nur ein Ersatz für die Petersilie ist. Richtig asiatisch wird es mit Koriandergrün, das Sie im Asia-Shop immer frisch bekommen.

Mehr Schärfe gefällig? Kein Problem, wenn Sie anstelle von Curry Sambal Oelek verwenden. Aber Achtung: Diese asiatische Würzpaste ist in höherer Dosierung nur für Feuerschlucker geeignet!

Puszta-Baguettes mit Kraut

Paprika-Aroma inklusive

1 Backofen auf 200 °C vorheizen. Paprika von den weißen Innenrippen und Kernen befreien, Fruchtfleisch fein würfeln. Das Brötchen quer halbieren, beide Hälften mit Butter bestreichen und mit dem Schinken belegen.
2 Das Sauerkraut mit Paprikawürfeln mischen und mit Salz, Pfeffer und Paprika würzen. Den Emmentaler mit Crème fraîche verrühren. Sauerkraut auf beide Brötchenhälften verteilen und mit der Käsemasse bedecken. Im vorgeheizten Ofen 10 bis 15 Minuten überbacken.
Zubereitungszeit: 10 Minuten + Backzeit: 15 Minuten

Für 2 Portionen
1 gelbe Spitzpaprika
1 Baguettebrötchen
1 EL Butter
2 Scheiben Kochschinken
150 g Sauerkraut
Salz, Pfeffer, Paprika edelsüß
50 g geriebener Emmentaler
1 EL Crème fraîche

Entenbrust auf asiatische Art

Super Kombination!

1 Die Haut vom Entenbrustfilet abziehen und in einer Pfanne so anbraten, dass das Fett austritt. Die Haut entfernen und im entstandenen Bratfett das Filet von jeder Seite 5 bis 8 Minuten scharf anbraten. Fleisch herausnehmen und etwa 10 Minuten abgedeckt ruhen lassen.
2 Inzwischen Sojasauce mit Sherry und Marmelade glattrühren. Entenbrustfilet in Scheiben schneiden und diese in der vorbereiteten Sauce mindestens 30 Minuten (kann aber auch über Nacht stehen) marinieren.
3 Koriander von den Stängeln zupfen und die Blättchen fein hacken. Die Brote mit den marinierten Entenbrustscheiben belegen, mit gehacktem Koriander bestreut servieren.
Zubereitungszeit: 15 Minuten + Marinierzeit: 40 Minuten

Für 2 Portionen
1 Entenbrustfilet mit Haut (ca. 300 g)
1 EL Sojasauce
1 EL Sherry
1 EL Orangenmarmelade
2 Stängel Koriandergrün
2 Scheiben Roggenmischbrot

Üppig gefüllte Pita

So schmeckt's daheim wie beim Griechen...

Für 2 Portionen
1 Strauchtomate
1 rote Zwiebel
100 g Feta-Käse
3 EL Mayonnaise oder
Salatcreme
1 Knoblauchzehe
Salz, Pfeffer
1 TL getrockneter Thymian
1 griechisches Pita-Brot
2 Salatblätter
(Lollo rosso, Kopfsalat
oder Frisée)
6 Scheiben
Putenschinken

1 Die Tomate vom Stielansatz befreien und in Scheiben schneiden. Zwiebel schälen und in möglichst dünne Scheiben schneiden (geht sehr gut mit einem Gemüsehobel).

2 Feta-Käse mit einer Gabel zerdrücken und mit Mayonnaise mischen. Den Knoblauch schälen und dazupressen. Mit Salz, Pfeffer und Thymian würzen.

3 Die Pita quer halbieren und die untere Hälfte mit Salat belegen. Den Schinken darauf geben und die Käsecreme darauf verteilen. Mit Tomaten- und Zwiebelscheiben belegen, mit der oberen Brothälfte abdecken. In zwei Portionen geteilt servieren.

Zubereitungszeit: 15 Minuten

Varianten: Für eine leichtere Version der Käsecreme die Mayonnaise durch dieselbe Menge griechischen Joghurt ersetzen.

Frische Brunnenkresse passt ebenso gut zu der pikanten Füllung wie frisches Basilikum.

Es sind noch Reste vom letzten Braten übrig? Schneiden Sie das Fleisch in Streifen, und braten Sie es mit Gyros-Gewürz scharf an – schon ist eine Füllung für die Pita fertig, die den Schinken bestens ersetzt!

Bayern-Burger mit Senfhaube

Deftiges mit Pfiff

Für 2 Portionen

2 Scheiben Roggenmischbrot
2 TL Butter
2 dickere Scheiben
Leberkäse
(ca. 300 g insgesamt)
1 Gemüsezwiebel
3 EL Schmand
2 EL süßer Senf
1 EL mittelscharfer Senf
2 EL geriebener
Emmentaler
4 EL Röstzwiebeln
Salz, Pfeffer

1 Backofen auf 200 °C vorheizen. Die Brote gleichmäßig mit der Butter bestreichen und je eine Scheibe Leberkäse darauf legen. Zwiebel abziehen, in dünne Ringe schneiden und auf den Broten verteilen.

2 Den Schmand mit Senf glatt rühren, Käse und Röstzwiebeln unterziehen und mit Salz und Pfeffer würzen. Die Schmandcreme gleichmäßig auf den belegten Broten verteilen und diese im vorgeheizten Backofen etwa 15 Minuten goldbraun überbacken.

Zubereitungszeit: 10 Minuten + Backzeit: 15 Minuten

Varianten: Leberkäse lässt sich gut durch in Scheiben geschnittene Fleischwurst ersetzen. Als farbenfrohe Dekoration können Sie einige Schnittlauchhalme, in Röllchen geschnitten, darüber geben.

Mit je einem Spiegelei belegt und mit Salat als Beilage wird ein Hauptgericht aus dieser Brotzeit.

Serrano-Sherry-Creme

Spanischer Doppelgenuss

Für 2 Portionen

100 g Serrano-Schinken
50 g Quark
2 EL Sherry
100 g Ziegenfrischkäse
Salz, Pfeffer
2 - 3 EL gehackte Pistazien
2 Scheiben Brot
nach Belieben

1 Den Schinken würfeln und zusammen mit dem Quark und Sherry mit dem Pürierstab oder im Mixer zu einer cremigen Masse pürieren. Frischkäse unterziehen. Salzen, pfeffern und die Pistazien unterziehen.

2 Die Masse im Kühlschrank für mindestens 3 Stunden kalt stellen (kann auch über Nacht stehen). Die Brote dick mit der Creme bestreichen.

Zubereitungszeit: 10 Minuten + Kühlzeit: 3 Stunden

Tipp: Zu dem mild-nussigen Geschmack des Schinkens passt z.B. Vollkorntoast besonders gut.

Baguette mit Kaninchenfarce

Wild-Geschmack der Sonderklasse

1 Zwiebel, Sellerie und Petersilienwurzel schälen bzw. putzen und ebenso wie das Fleisch würfeln. Knoblauch abziehen und halbieren. Das Öl erhitzen und die vorbereiteten Zutaten darin kräftig anbraten. Oliven, Kapern und Tomatenmark zugeben, mit Rotwein ablöschen und mit Salz, Pfeffer, Wildgewürz und Rosmarin würzen. 15 Minuten bei mittlerer Hitze köcheln lassen.
2 Anschließend die Fleischmasse pürieren (sollte sie zu fest sein, noch etwas Wein zugeben), nochmals mit Salz und Pfeffer abschmecken und ganz abkühlen lassen. Zum Servieren gleichmäßig auf die Brotscheiben streichen.
Zubereitungszeit: 25 Minuten + 35 Minuten Gar- und Abkühlzeit

Tipp: Extra-Deko für diese Luxus-Brotzeit: Stecken Sie pro Baguettescheibe je eine entsteinte Olive auf einen kleinen Rosmarinzweig, sodass die Rosmarinnadeln oben aus der Olive herausschauen.

Für 2 Portionen
1 Zwiebel
1 Stange Staudensellerie
1 Petersilienwurzel
100 g Kaninchenfilet
1 Knoblauchzehe
4 EL Olivenöl
6 - 8 grüne oder schwarze Oliven ohne Stein
1 EL Kapern
1 EL Tomatenmark
4 EL trockener Rotwein
Salz, Pfeffer
1 TL Wildgewürz
1 TL getrockneter Rosmarin
6 Scheiben Baguette

Kohlrabi-Schinken-Röstbrot
Deftig-lecker

1 Backofen auf 200° C vorheizen. Kohlrabi schälen und grob raspeln. Apfel schälen, vom Kerngehäuse befreien und das Fruchtfleisch ebenfalls grob raspeln. Brote mit Schinken belegen. Kohlrabi mit Apfel, Schmelzkäse und Crème fraîche mischen, mit Salz und Pfeffer würzen und die Masse gleichmäßig auf den Broten verteilen, mit dem Raclette-Käse belegen.
2 Im vorgeheizten Backofen 10 bis 15 Minuten überbacken, bis der Käse geschmolzen ist.
Zubereitungszeit: 15 Minuten + Backzeit: 15 Minuten

Für 2 Portionen
1 Kohlrabi (ca. 150 g)
1 kleiner Apfel
2 Scheiben Bauernbrot
2 Scheiben roher Schinken
2 kleine Ecken Schmelzkäse
1 EL Crème fraîche
Salz, Pfeffer
2 dünne Scheiben Raclette-Käse

Tramezzini im Farbenrausch

Nicht nur optisch ein Leckerbissen

Für 4 Portionen

1 TL Tomatenmark
6 EL Doppelrahm-
Frischkäse
Salz, Pfeffer
1 Strauchtomate
3 Scheiben Tramezzini-
Brot (24 x 12 cm)
20 Basilikumblättchen
50 g Parmaschinken
(in möglichst
dünnen Scheiben)
2 Scheiben Ziegengouda
(insgesamt ca. 50 g)
2 - 3 EL Pesto genovese
(aus dem Glas)

1 Tomatenmark mit 5 EL Frischkäse glatt rühren und mit Salz und Pfeffer würzen. Die Tomate vom Stielansatz befreien, vierteln, die Kerne entfernen und das Fruchtfleisch möglichst fein würfeln. Die Tomatenwürfel unter den Frischkäse ziehen.

2 Eine Brotscheibe mit der Tomatencreme bestreichen, Basilikum gleichmäßig darauf verteilen und den Schinken darauf drapieren.

3 Die zweite Brotschreibe auf den Schinken legen, gleichmäßig mit dem restlichen Frischkäse bestreichen und den Ziegengouda darauf legen. Die dritte Scheibe dünn mit Pesto bestreichen und mit der bestrichenen Seite nach unten auf den Gouda legen. Rundum gut andrücken und zuerst in der Mitte durchschneiden, so dass zwei Quadrate entstehen. Diese jeweils diagonal halbieren, sodass vier Dreiecke entstehen.

Zubereitungszeit: 20 Minuten

Tipps: Tramezzini-Brot ist nicht überall im Handel erhältlich. Wenn Sie weder in der Feinkostabteilung des Supermarkts noch beim Italiener um die Ecke fündig werden, können Sie stattdessen auch entrindetes Toastbrot verwenden, von dem Sie dann sechs Scheiben brauchen.

Besonders schön sieht der Anschnitt dieses Italo-Sandwiches aus, wenn Sie den Schinken wellenförmig auf dem Brot drapieren. Sie können ihn auch fein geschnitten unter die Tomatencreme ziehen, dann ist das Tramezzini bequemer zu essen. Zur feinen Konsistenz von Tramezzini-Brot passt auch sehr gut gekochter Schinken anstelle von Parma.

Die angegebenen Mengen reichen entweder als Vorspeise für vier Portionen oder machen zwei Personen als Hauptgericht satt. Wie auch immer – als Getränk passt dazu hervorragend ein gut gekühlter Prosecco oder ein leichter Rotwein, natürlich aus Italien!

Flammbrot quick & easy

Super, wenn mal kein Brot im Haus ist!

Für 2 Portionen
150 g Baconwürfel
2 Stangen Lauch
1 Dose Frischteig für
4 Baguettebrötchen
(300 g, aus dem Kühlregal)
150 g Crème fraîche
Salz, Pfeffer
Muskatnuss

1 Backofen auf 175 °C vorheizen. Schinkenwürfel ohne Fettzugabe knusprig ausbraten, auf Küchenpapier abtropfen lassen, das ausgetretene Fett in der Pfanne lassen. Den Lauch putzen, den grünen Teil entfernen, den Rest in dünne Ringe schneiden. Im Schinkenfett anbraten und kurz abkühlen lassen.

2 In der Zwischenzeit den Teig nach Packungsanweisung aus der Dose nehmen und flach ausbreiten. An den Nahtstellen trennen, jedes Teil dünn ausrollen und auf ein mit Backpapier ausgelegtes Backblech legen.

3 Schinkenwürfel mit Lauch und Crème fraîche verrühren, mit Salz, Pfeffer und Muskat würzen, alles gleichmäßig auf den Teigstücken verteilen und im vorgeheizten Backofen 15 Minuten backen.

Zubereitungszeit: 15 Minuten + Backzeit: 15 Minuten

Tipp: Bacon wird besonders knusprig, wenn man ihn in der kalten Pfanne ohne zusätzliches Bratfett aufsetzt.

Carpaccio-Ciabatta mit Cognac-Sauce

Für 2 Portionen
100 g rohe Rinderlende
2 EL Mayonnaise
1 TL Dijon-Senf
1 TL Cognac
Salz, Pfeffer
1 daumengroßes
Stück Parmesan
4 Scheiben
Ciabatta-Brot

Vorspeisentauglich & edel

1 Die Lende für 30 Minuten im Gefrierfach anfrieren lassen. Inzwischen Mayonnaise mit Senf und Cognac glatt rühren, salzen und pfeffern. Vom Parmesan mit dem Sparschäler dünne Scheiben abhobeln. Das Brot antoasten (nach Belieben).

2 Die Lende in möglichst dünne Scheiben schneiden und die Brote gleichmäßig damit belegen. Mit der Cognacsauce überziehen und mit den Parmesan-Spänen belegt servieren.

Zubereitungszeit: 10 Minuten + Kühlzeit: 30 Minuten

Pyramiden-Brote

schmecken nicht nur Pharaonen

1 Den Käse sehr fein würfeln, Petersilie von den Stängeln zupfen und die Blättchen fein hacken. Mayonnaise mit Quark, Käse und Petersilie glatt rühren, salzen und pfeffern. Jede Salamischeibe bis zur Mitte einschneiden.
2 Den Käsesalat auf die Brotscheiben häufeln und jeweils eine Salamischeibe so daraufsetzen, dass ein Hütchen entsteht.
Zubereitungszeit: 20 Minuten

Für 2 Portionen

100 g Ziegengouda in Scheiben
2 Stängel Petersilie
1 EL Mayonnaise oder
Salatcreme
1 EL Speisequark
Salz, Pfeffer
8 Scheiben Salami,
dünn geschnitten
8 Scheiben Stangenweißbrot

45

Lamm-Medaillon-Brote mit Waldorfsalat

Genuss der Luxusklasse

1 Den Knollensellerie putzen und raspeln, Apfel schälen, vom Kerngehäuse befreien und das Fruchtfleisch ebenfalls raspeln. Die Trauben halbieren, die Walnusskerne grob hacken und die Zitrone auspressen. Die vorbereiteten Zutaten mischen, Sauerrahm unterziehen und mit Salz und Pfeffer würzen. Im Kühlschrank mindestens 3 Stunden ziehen lassen.
2 Nach der Kühlzeit die Medaillons im heißen Butterschmalz rundum scharf anbraten, 5 Minuten bei mittlerer Hitze garen, danach aus der Pfanne nehmen, salzen und pfeffern und in Alufolie gewickelt weitere 5 Minuten ruhen lassen. Inzwischen den Salat auf den Broten verteilen. Das Fleisch in Scheiben schneiden und die Brote damit belegen.
Zubereitungszeit: 35 Minuten + Kühlzeit: 3 Stunden

Für 2 Portionen

100 g Knollensellerie
1 Apfel
8 - 10 kernlose Trauben
8 Walnusskerne
1/2 Zitrone
2 EL Sauerrahm
Salz, Pfeffer
2 Lammrücken-Medaillons
(insgesamt ca. 250 g)
1 EL Butterschmalz
2 Scheiben Sonnenblumenbrot

Tipp: Wer den Salat nicht so süßlich mag, kann die Trauben durch eine geraspelte Möhre ersetzen.

Brotzeit mit Fisch-Begleitung

Fischer-Frühstück

Schlemmer-Highlight

Für 2 Portionen
4 - 5 Stängel Dill
4 Eier, 4 EL Schlagsahne
2 Scheiben Greyerzer-Käse
Salz, Pfeffer
2 Scheiben Sauerteigbrot
4 EL Butter
200 g Nordseekrabben-
fleisch
1 EL Pflanzenöl

1 Den Dill von den Stängeln zupfen und die Dillspitzen fein hacken. Eier mit Sahne verquirlen, den Käse entrinden und fein gewürfelt unter die Eiermasse ziehen. Mit Salz und Pfeffer würzen.

2 Die Brote jeweils mit 1 EL Butter bestreichen, das Krabbenfleisch und den Dill gleichmäßig darauf verteilen.

3 Die restliche Butter mit dem Öl in einer Pfanne zerlassen und die Eiermasse darin bei mittlerer Temperatur stocken lassen, dabei mit dem Pfannenwender immer wieder zerteilen und umwenden. Das Rührei gleichmäßig auf die Brote verteilen und servieren.

Zubereitungszeit: 20 Minuten

Tipp: Nordseekrabben mit ihrem zart-nussigen Geschmack harmonieren besonders gut mit Dill & Butter, die das Meeresaroma unterstützen und verstärken.

Thunfischbutter

Vorratstauglich auf leckere Art

Für 2 Portionen
2 Stängel Petersilie
60 g Thunfisch in Olivenöl
(aus der Dose)
1 Sardellenfilet
60 g weiche Butter
Salz, Pfeffer
2 Scheiben Brot
nach Wahl

Petersilie von den Stängeln zupfen und die Blättchen fein hacken. Den Thunfisch und das Sardellenfilet abtropfen lassen und mit der Gabel fein zerdrücken. Alles mit der weichen Butter vermischen, salzen und pfeffern. Die Brote dick mit der Creme bestreichen und servieren.

Zubereitungszeit: 10 Minuten

Variante: Eine tolle Matjesbutter erhalten Sie, wenn Sie den Thunfisch durch dieselbe Menge sehr fein gewürfelten Matjes ersetzen und 1 TL Sherry zugeben. Mit Salz sollte man dann allerdings sehr sparsam umgehen, da der Matjes entsprechend Würze mitbringt.

Zanderröllchen mit Zucchini

Fisch de luxe im Handumdrehen

1 Den Zander der Länge nach in vier Streifen schneiden, mit Salz und Pfeffer würzen und jeweils aufrollen. Jedes Fischröllchen mit einer Scheibe Schinken umwickeln. Zucchini vom Stielansatz befreien und in etwa 3 cm dicke Scheiben schneiden. Den Dill von den Stängeln zupfen und die Dillspitzen hacken.
2 Die Hälfte der Butter zerlassen und die Fischröllchen (mit der Schinkennahtstelle nach unten) sowie die Zucchinischeiben darin kurz anbraten, mit aufgelegtem Deckel bei mittlerer Hitze 5 bis 8 Minuten garen, Zucchini evtl. noch etwas salzen.
3 Inzwischen die Brotscheiben mit der restlichen Butter bestreichen und mit dem gehackten Dill bestreuen. Die Zucchinischeiben gleichmäßig auf den Broten verteilen und die Zanderröllchen darauf setzen.
Zubereitungszeit: 20 Minuten

Variante: Noch edler wird's, wenn Sie jeweils einen geschälten, entdarmten und vorgegarten Riesenscampi in den Röllchen verstecken.

Für 2 Portionen
400 g Zanderfilet
Salz, Pfeffer
4 dünne Scheiben
Parmaschinken
1 kleine Zucchini
2 Stängel Dill
2 - 3 EL Butter
2 Scheiben Roggen-
mischbrot

Brotzeit mit Fisch-Begleitung

49

Lachstoast auf graved Art

Edles ohne großen Aufwand

1 Die Eier in Scheiben schneiden. Den Dill von den Stängeln zupfen und die Dillspitzen fein hacken. Senf mit Honig und Quark glatt rühren, mit Salz und Pfeffer würzen und den gehackten Dill unterziehen.
2 Toastbrot rösten und mit den Lachsscheiben belegen, die Quarkcreme darauf verteilen und mit den Eierscheiben belegt servieren. Nach Belieben noch mit Dill garnieren.
Zubereitungszeit: 10 Minuten

Für 2 Portionen
2 hart gekochte Eier
3 - 4 Stängel Dill
1 TL Dijon-Senf
2 EL Honig
2 EL Magerquark
Salz, Pfeffer
4 Scheiben Toastbrot
4 Scheiben Graved Lachs

Curry-Garnelen-Ciabatta

Italienisch-Indische Koproduktion

Für 2 Portionen
1 kleine Zucchini
2 EL Olivenöl
16 küchenfertige
Garnelen (geschält,
entdarmt und vorgekocht)
1/2 Ciabatta-Brot
4 Kopfsalatblätter
2 EL Mayonnaise
2 EL Crème fraîche
1 TL süßsaure Chili-Sauce
(siehe Tipp)
Salz, Pfeffer
1/2 TL Curry

1 Zucchini putzen und in Stifte schneiden. Das Öl in einer Pfanne erhitzen und Zucchini und Garnelen darin 6 bis 8 Minuten bei mittlerer Hitze garen, anschließend abkühlen lassen.

2 Inzwischen das Brot halbieren, die Hälften quer aufschneiden und das Innere so weit aushöhlen, dass die Brote gefüllt werden können. Die Böden jeweils mit Salatblättern belegen.

3 Mayonnaise mit Crème fraîche und Chili-Sauce glatt rühren und mit Salz, Pfeffer und Curry würzen. Zucchini und Garnelen mit der Curry-Mayonnaise mischen und in die Ciabattahälften füllen. Zum Servieren die Hälften wieder zusammenklappen und etwas andrücken.

Zubereitungszeit: 25 Minuten

Tipp: Chili-Sauce gibt es nicht nur im Asia-Shop: Auch in den Feinkostabteilungen größerer Supermärkte ist sie mittlerweile überall zu bekommen. Ersatzweise können Sie aber auch dieselbe Menge Ketchup verwenden und nach Belieben mit etwas getrockneter Chili-Schote für mehr Schärfe sorgen.

Variante: Safranselige Ciabatta gefällig? Kein Problem, wenn Sie auf Curry verzichten, stattdessen 3 bis 4 Safranfäden in 3 EL Cognac erhitzen und das Ganze ca. 30 Minuten ziehen lassen. Entfernen Sie anschließend den Safran, und verrühren Sie die Flüssigkeit mit 2 EL Magerquark, den Sie anstelle von Crème fraîche mit der Mayonnaise glatt rühren. Für Genuss ganz in Orange sorgen dann noch eine geraspelte Möhre und das fein gewürfelte Fruchtfleisch von 1/4 Papaya, durch die Sie die Zucchini ersetzen können.

Brotrouladen

Macht Eindruck bei Gästen

Für 2 Portionen

115 g Thunfisch in Olivenöl (aus der Dose)
1 Knoblauchzehe
1 TL geriebener Meerrettich
1 EL Schmand
1 EL Mayonnaise oder Salatcreme
1 EL Tomatenketchup
Salz, Pfeffer
1 TL Kräuter der Provence
2 Scheiben Tramezzini-Brot (24 x 12 cm)

1 Den Thunfisch abtropfen lassen und zerpflücken. Knoblauch schälen und dazupressen. Thunfisch mit Knoblauch, Meerrettich, Schmand, Mayonnaise oder Salatcreme und Ketchup mischen und mit Salz, Pfeffer und den Kräutern würzen.

2 Die Brotscheiben mit der Teigrolle auf Frischhaltefolie (so rutscht's nicht weg) etwas dünner ausrollen, gleichmäßig mit der Thunfischmasse bestreichen. Das Brot in der Folie wie eine Biskuitrolle aufrollen und ca. 1 Stunde kalt stellen. Vor dem Servieren die Rolle aus der Folie wickeln und mit einem sehr scharfen Messer in fingerdicke Scheiben schneiden.

Zubereitungszeit: 25 Minuten + Kühlzeit: 1 Stunde

Tipps: Verwenden Sie am besten immer Thunfisch in Olivenöl. Zum Einlegen in dieses teurere Öl wird grundsätzlich auch die beste Fischqualität verwendet.

Wenn Sie die Rouladenscheiben noch mit Basilikumblättchen und halbierten Kirschtomaten garnieren, sieht's nicht nur schön aus, es schmeckt auch lecker!

52

Seattle-Lachscreme

Westküsten-Flair inklusive

Für 4 Portionen

4 Scheiben Räucherlachs
1 kleine Möhre
1 TL Zitronensaft
2 - 3 Stängel Dill
6 EL Frischkäse
1 - 2 TL Olivenöl
Salz, Pfeffer
4 Scheiben Natursauerteigbrot aus dem Holzofen

1 Den Räucherlachs in feine Streifen schneiden. Die Möhre putzen und mit dem Gemüsehobel grob raspeln. Möhrenraspel mit Zitronensaft beträufeln (damit sie nicht braun werden). Den Dill von den Stängeln zupfen und die Dillspitzen fein hacken.

2 Frischkäse mit dem Öl glatt rühren, Lachsstreifen, Möhrenraspel und Dill unterziehen und alles mit Salz und Pfeffer würzen. Die Creme gleichmäßig auf den Broten verteilt servieren.

Zubereitungszeit: 15 Minuten

Avocadocreme-Brote mit Scampi-Spießen

super lecker!

1 Die Avocado schälen und den Kern entfernen, Knoblauch abziehen. Das Fruchtfleisch der Avocado zusammen mit Frischkäse, Zitronensaft und einer Knoblauchzehe pürieren, mit Salz und Pfeffer würzen. Die Scampi auf zwei Schaschlikspießchen stecken.
2 Olivenöl in einer Pfanne erhitzen, Thymian zugeben, restlichen Knoblauch dazupressen und die Scampi-Spieße darin rundum anbraten, mit Salz und Pfeffer würzen. Die Scampi-Spieße aus der Pfanne nehmen und auf Küchenpapier kurz abtropfen lassen.
3 Die Brote gleichmäßig mit der Avocadocreme bestreichen und mit den Spießen belegt servieren.
Zubereitungszeit: 20 Minuten

Für 2 Portionen
1 reife Avocado
2 Knoblauchzehen
50 g Kräuterfrischkäse
1 TL Zitronensaft
Salz, Pfeffer
2 EL Olivenöl
1 TL getrockneter Thymian
12 Riesenscampi
(geschält und entdarmt)
2 Scheiben Natursauerteigbrot

Brotzeit mit Fisch-Begleitung

53

Forellen-Kaviar-Tatar

Brotaufstrich de luxe

1 Den Dill von den Stängeln zupfen, die Dillspitzen fein hacken. Forellenfilet und abgetropfte Kapern möglichst fein hacken.
2 Gehackten Dill mit Lachs, Kapern, Kaviar, Senf und Honig vermischen und alles mit Salz und Pfeffer würzen.
Zubereitungszeit: 15 Minuten

Tipp: Ein kleiner Snack zum Aperitif wird aus diesem edlen Tatar, wenn Sie es auf Pumpernickeltalern servieren. Zur Brotzeit für den größeren Appetit wird es auf Baguette oder einem kräftigen Roggenmischbrot.

Für 2 Portionen
2 Stängel Dill
125 g geräuchertes Forellenfilet
2 EL Kapern
2 EL Forellen- oder Lachskaviar
1 TL Dijon-Senf
1 TL Honig
Salz, Pfeffer
Bort nach Wahl

Artischockencreme mit Thunfisch

Bella Italia läßt grüssen

Für 2 Portionen
4 getrocknete Tomaten
1 EL Balsamico-Essig
Salz
125 g Artischockenherzen
(aus dem Glas)
60 g Thunfisch in Olivenöl
(aus der Dose)
2 - 3 Stängel Petersilie
2 - 3 Schnittlauchhalme
2 EL Mayonnaise
1 EL Crème fraîche
1 TL Zitronensaft
Pfeffer
2 Scheiben Brot
nach Wahl

1 Die getrockneten Tomaten mit dem Essig in kochendem Salzwasser 20 Minuten bei mittlerer Hitze ziehen lassen, danach abgießen, abkühlen lassen und Tomaten fein würfeln.

2 Inzwischen die Artischockenherzen abtropfen lassen und fein würfeln. Thunfisch ebenfalls abtropfen lassen und mit einer Gabel mundgerecht zerpflücken. Petersilie von den Stängeln zupfen und die Blättchen zusammen mit dem Schnittlauch fein hacken.

3 Mayonnaise mit Crème fraîche und Zitronensaft glatt rühren, Tomaten- und Artischockenwürfel sowie den Thunfisch und die Kräuter unterheben, mit Salz und Pfeffer würzen.

Zubereitungszeit: 15 Minuten + Gar- und Auskühlzeit: 30 Minuten

Tipp: Bestreichen Sie frisches Natursauerteigbrot aus dem Holzofen mit diesem de-luxe-Brotaufstrich, und garnieren Sie jede Portion mit halbierten Cocktailtomaten und Schnittlauch – so fängt der Genuss schon beim Anblick an!

Variante: Ein anderes Kräutlein – ein anderer Geschmack! Den Hauch mediterraner Würze erhalten Sie mit frischem Thymian, der sehr gut mit Artischocken und Thunfisch harmoniert.

54

Flusskrebs-Tramezzini mit Artischocken

Eine Kombination der besonderen Art

Für 2 Portionen
1 Strauchtomate
2 Stängel Dill
3 eingelegte
Artischockenherzen
(aus dem Glas)
2 EL Mascarpone
100 g küchenfertige
Flusskrebsschwänze
(gekocht und geschält)
Salz, Pfeffer
1 TL getrockneter Thymian
2 Scheiben Tramezzini-
Brot (24 x 12 cm)
1 TL Butter

1 Die Tomate vierteln, vom Stielansatz befreien, die Kerne entfernen und das Fruchtfleisch würfeln. Den Dill von den Stängeln zupfen und die Dillspitzen fein hacken. Artischockenherzen abtropfen lassen und fein würfeln. Mascarpone mit Tomaten, Dill, Artischocken und Flusskrebsen verrühren, die Creme mit Salz, Pfeffer und Thymian würzen.

2 Eine Brotscheibe entlang den Rändern und der Mittellinie mit der Butter bestreichen, damit die Brote später nicht auseinanderfallen. Die vorbereitete Masse innerhalb der Buttergrenzen verteilen, zweite Brotscheibe aufsetzen und an den Rändern und in der Mitte andrücken. An der Mittellinie halbieren, die Brothälften in Dreiecke teilen und servieren.

Zubereitungszeit: 20 Minuten

Beschwipstes Baguette mit Curry-Languste

Für 2 Portionen
1 hart gekochtes Ei
$\frac{1}{2}$ Langustenschwanz
(ca. 120 g)
2 EL Mayonnaise
$\frac{1}{2}$ - 1 TL Curry-Pulver
1 TL Cognac
Salz, Pfeffer
6 Scheiben Baguette

Languste im Aromarausch

1 Das Ei fein würfeln. Das Langustenfleisch aus der Schale lösen und in Scheiben schneiden. Mayonnaise mit Curry und Cognac glatt rühren, Eiwürfel unterziehen, mit Salz und Pfeffer würzen.

2 Die Baguettescheiben gleichmäßig mit der Currycreme bestreichen und mit Langustenscheiben belegt servieren.

Zubereitungszeit: 15 Minuten

Baguette nach Wikinger-Art

schmeckt nicht nur Seefahrern

Für 2 Portionen

1 Gurken sehr fein würfeln, Schnittlauch in schmale Röllchen schneiden. Quark mit Mayonnaise und Zitronensaft glatt rühren, mit Salz und Pfeffer würzen. Gurkenwürfel und Schnittlauch unterziehen.
2 Das Öl erhitzen und die Fischstäbchen darin rundum goldbraun braten. Das Brötchen quer halbieren, jede Hälfte mit Quarkcreme bestreichen, mit einem Salatblatt belegen und je drei Fischstäbchen darauf legen.
Zubereitungszeit: 20 Minuten

2 saure Gurken
6 Schnittlauchhalme
2 EL Magerquark
2 EL Mayonnaise oder
Salatcreme
1 TL Zitronensaft
Salz, Pfeffer
1 EL Pflanzenöl
6 Fischstäbchen
2 Salatblätter
1 Baguettebrötchen

Thunfischsteak
mit asiatischer Begleitung

East meets West at it's best

Für 2 Portionen

1 Thunfisch in 4 Scheiben schneiden, mit der Marinade begießen und ca. 2 Stunden ziehen lassen, dabei immer wieder wenden. Inzwischen den Rucola putzen und in mundgerechte Stücke teilen, Austernpilze putzen und fein würfeln.
2 Das Öl in einer Pfanne erhitzen, die Austernpilze darin 8 bis 10 Minuten dünsten. Pilze an den Rand der Pfanne schieben und den Thunfisch kurz von beiden Seiten anbraten, danach mit der Marinade ablöschen, kurz einkochen lassen, salzen und pfeffern. Den Rucola auf den Broten verteilen, darauf die Austernpilze und den Thunfisch geben.
Zubereitungszeit: 20 Minuten + Marinierzeit: 2 Stunden

1 frisches Thunfischsteak
(ca. 250)
4 EL Teriyaki-Marinade
1 Bund Rucola
100 g Austernpilze
2 EL Pflanzenöl
Salz, Pfeffer
2 dicke Scheiben Bauernbrot

Tipp: Teriyaki-Marinade können Sie auch selbst herstellen: Mischen Sie dazu 1 EL Sojasauce mit 2 EL Sherry und 1 TL Zucker.

Vollkornecken mit Lachs-Apfel-Tatar

Leicht und frisch auf den Tisch

Für 2 Portionen

200 g geräucherter oder Graved-Lachs
1 kleiner Apfel
2 Stängel Dill
1 - 2 TL Aquavit
1 TL Senf
$\frac{1}{2}$ - 1 TL geriebener Meerrettich
6 EL Frischkäse
Salz, Pfeffer
3 Scheiben Vollkornbrot

1 Den Lachs möglichst fein würfeln. Apfel schälen, vierteln, vom Kerngehäuse befreien und das Fruchtfleisch ebenfalls fein würfeln. Den Dill von den Stängeln zupfen und die Dillspitzen fein hacken. Lachs- und Apfelwürfel mit dem Dill mischen. Aquavit, Senf, Meerrettich und die Hälfte des Frischkäses glatt rühren und mit dem Lachstatar mischen, mit Salz und Pfeffer würzen.

2 Brotscheiben gleichmäßig mit dem restlichen Frischkäse bestreichen und diagonal halbieren, sodass Dreiecke entstehen. Das Lachstatar darauf verteilen und – evtl. noch mit Dillspitzen garniert – servieren.

Zubereitungszeit: 20 Minuten

Tipp: Das Lachs-Tatar lässt sich gut vorbereiten und ist auch als Menü-Auftakt ein Highlight. Servieren Sie es dann zum Beispiel auf Pumpernickeltalern als kleinen Appetithappen zu einem Glas Sekt oder Prosecco. Der Aquavit sollte dann allerdings durch dieselbe Menge Sekt oder Prosecco ersetzt werden.

Variante: Exotischer wird's, wenn Sie 200 g frisches Thunfischfilet sehr fein würfeln und mit 2 EL Sojasauce und derselben Menge Sherry für mehrere Stunden im Kühlschrank ziehen lassen. Der Apfel sollte dann durch 100 g Fruchtfleisch einer Mango ersetzt werden, dass Sie – ebenfalls fein gewürfelt – mit dem marinierten Fisch, Meerrettich und dem Frischkäse mischen. Auf Aquavit und Senf können Sie verzichten, und mit den gehackten Blättchen von 2 Stängeln Koriandergrün ist für die passende Kräuterbegleitung gesorgt. Auch mit dieser asiatisch angehauchten Variante harmoniert Vollkornbrot erstaunlich gut.

Krebsküchlein-Brote auf karibische Art

Für 2 Portionen

125 g Krebsfleisch
(aus der Dose)
2 EL Rum, 1 EL Mayonnaise
1 Ei, 1/4 TL Backpulver
1 EL Speisestärke
8 EL Semmelbrösel
Salz, Pfeffer
6 Physalis
(Kapstachelbeeren)
2 EL Butterschmalz
4 Scheiben Toastbrot

... Alle Köstlichkeit der Tropen im neuen Look

1 Das Krebsfleisch gut abtropfen lassen und zerpflücken. Krebsfleisch mit Rum, Mayonnaise, Ei, Backpulver, Speisestärke und Semmelbröseln mischen, salzen und pfeffern. Zu einem glatten Teig verkneten, 4 Küchlein daraus formen und abgedeckt 1 Stunde kalt stellen.

2 Kurz vor Ablauf der Kühlzeit die Physalis von der papierenen Hülle befreien und in Scheiben schneiden. Das Butterschmalz in einer Pfanne erhitzen und die Krebsküchlein von beiden Seiten goldbraun braten.

3 Inzwischen das Toastbrot rösten, mit Physalis-Scheiben belegen und die Krebsküchlein darauf servieren.

Zubereitungszeit: 15 Minuten + Ruhezeit: 1 Stunde

Garnelen-Buletten de luxe

schnell und einfach edel

Für 2 Portionen

350 g küchenfertige
Riesengarnelen (geschält,
ohne Kopf und entdarmt)
2 EL Crème fraîche
1 Knoblauchzehe
2 EL Semmelbrösel
Salz, Pfeffer
1 TL getrockneter Thymian
2 EL Olivenöl
2 Scheiben Brot
nach Wahl

1 Die Garnelen grob hacken und mit Crème fraîche und abgezogenen Knoblauch zu einer glatten Farce pürieren. Semmelbrösel dazugeben, mit Salz, Pfeffer und Thymian würzen und sechs Buletten formen.

2 Das Öl in einer Pfanne erhitzen und die Buletten darin von jeder Seite etwa 4 Minuten braten. Die Buletten auf die Brotscheiben setzen und servieren.

Zubereitungszeit: 20 Minuten

Tipp: Von Toastbrot über ein kräftiges Natursauerteigbrot bis hin zu Kürbiskernbrot passt alles zu diesen Edel-Frikadellen!

Russischer Sardinen-Bier-Aufstrich

Deftiges in neuer Kombination

1 Die Ölsardinen abtropfen lassen und grob hacken. Kapern nach Wunsch grob oder fein hacken, Schnittlauch in feine Röllchen schneiden.
2 Sardinen mit Kapern, Bier, Crème fraîche und Senf vermischen und alles mit einer Gabel zerdrücken, sodass eine homogene Masse entsteht. Mit Salz (wenig, da der Fisch schon salzig ist) und Pfeffer würzen und auf Pumpernickel servieren.

Zubereitungszeit: 15 Minuten

Tipp: Der Aufstrich sollte nicht zu feucht werden, geben Sie deshalb das Bier nach und nach zu.

Für 2 Portionen
1 Dose Ölsardinen ohne Haut und Gräten in Olivenöl (Abtropfgewicht 80 g)
2 EL Kapern
5 - 6 Schnittlauchhalme
1 - 2 EL Bier
1 EL Crème fraîche
1 EL mittelscharfer Senf
Salz, Pfeffer
8 Pumpernickeltaler

Basilikum-Rührei mit Knoblauchgarnelen

Mediterranes Aroma

1 Den Knoblauch schälen und in das Olivenöl pressen, gut verrühren und die Garnelen darin ca. 30 Minuten ziehen lassen.
2 Inzwischen Basilikum-Blätter zusammen mit der Sahne mit dem Pürierstab oder im Mixer pürieren, mit Salz, Pfeffer und Muskatnuss würzen und mit den Eiern glatt verquirlen.
3 Nach dem Ende der Marinierzeit die Garnelen in dem Knoblauchöl rundum anbraten, verquirlte Eier zugeben, bei mittlerer Hitze stocken lassen, dabei immer wieder umrühren. Die Weißbrotscheiben (je nach Geschmack getoastet) mit dem Rührei belegen und servieren. Evtl. noch mit Basilikum-Blättern dekorieren.

Zubereitungszeit: 15 Minuten + Marinierzeit: 30 Minuten

Für 2 Portionen
1 junge Knoblauchzehe
2 EL Olivenöl
6 küchenfertige Riesengarnelen (geschält, entdarmt)
20 Basilikumblätter
3 EL Schlagsahne
Salz, Pfeffer, Muskatnuss
4 Eier
2 Scheiben Kastenweißbrot

Süße Brotzeit

Mokkacreme

Frühaufstehers Liebling

Für 2 Portionen
1 Päckchen Bourbon-Vanillezucker
1 TL Cappuccino-Pulver (Instant)
2 EL heißer Espresso oder Kaffee
1 EL Honig
3 EL Mascarpone
1 EL gemahlene Haselnüsse
2 Scheiben Brot nach Wahl

1 Vanillezucker mit Cappucinopulver im heißen Espresso oder Kaffee auflösen und abkühlen lassen.

2 Honig und Mascarpone glatt rühren, abgekühlten Kaffee und Haselnüsse einrühren. Die Brote mit der Creme bestreichen und servieren.

Zubereitungszeit: 10 Minuten

Tipp: Sonnenblumen- oder Kürbiskernbrot unterstreicht das Nuss-Aroma dieser Creme besonders gut. Aber auch auf Toast oder Brötchen schmeckt sie köstlich!

Süße Mohnbutter

Raffiniert durch Anis

Für 2 Portionen
$\frac{1}{2}$ Vanilleschote
25 g gemahlener Mohn
$\frac{1}{4}$ TL gemahlener Anis
3 EL weiche Butter
1 EL Honig
2 Scheiben Brot nach Wahl

Das Mark aus der Vanilleschote kratzen. Vanillemark mit Mohn, Anis, Butter und Honig glatt rühren. Die Brote mit der Butter bestreichen.

Zubereitungszeit: 10 Minuten

Tipp: Der ultimative Mohn-Genuss entsteht, wenn man ein Mohnbrötchen als Unterlage wählt. Aber auch ein kräftiges Sauerteigbrot eignet sich bestens.

Nuss-Bananen-Creme

Süße Versuchung

1 Die Schokolade fein reiben. Quark und Sahne mit dem Zucker glatt rühren, Schokolade und Nüsse unterheben. Banane schälen und in Scheiben schneiden.

2 Die Brotscheiben gleichmäßig mit der Quarkcreme bestreichen und mit den Bananenscheiben garniert servieren.

Zubereitungszeit: 10 Minuten

Für 2 Portionen
50 g Vollmilchschokolade
100 g Quark
1 EL Schlagsahne
1 EL Zucker
25 g gehackte Haselnüsse
1 Banane
2 Scheiben
Natursauerteigbrot

„Wild Ginger"-Mangomus

Tropische Kombination

1 Die Mango schälen, vom Kern befreien und das Fruchtfleisch zusammen mit dem Ingwersirup und Vanillezucker pürieren, mit Zimt, Sternanis, Koriander und Kardamom abschmecken.

2 Das Mangomus gleichmäßig auf dem Brot verteilen und servieren.

Zubereitungszeit: 10 Minuten

Tipps: Ingwer gibt es eingelegt in der Feinkostabteilung des Supermarkts oder im Asia-Shop zu kaufen. Für dieses Rezept wird der Sirup verwendet, in dem er eingelegt ist.

Im Reformhaus erhalten Sie eine Würzmischung, die alle in diesem Rezept verwendeten Gewürze beinhaltet. „Delifrut" besteht aus Zimt, Sternanis, Koriander, Ingwer, Kardamom, Nelken und Bourbon-Vanille und bietet so das ganze tropische Aroma, das man oft für Süßspeisen benötigt. Alle für das Mangomus erforderlichen Gewürze lassen sich durch $1/2$ TL Delifrut ersetzen.

Für 4 Portionen
$1/2$ Mango (ca. 250 g)
2 TL Ingwersirup
(siehe Tipp)
$1/4$ TL Bourbon-Vanillezucker
je 1 Pr. Zimt, Sternanis,
Koriander und Kardamom
4 Scheiben
Natursauerteigbrot
aus dem Holzofen

Beeren-Bruschetta

Für den Beerenhunger!

Für 2 Portionen
3 EL Mascarpone
1 EL Eierlikör
1 TL Honig
100 g Erdbeeren
50 g Himbeeren
2 EL Butter
2 Scheiben Hefezopf,
gut fingerdick geschnitten
1 EL Zucker

1 Mascarpone mit Eierlikör und Honig glatt rühren. Die Erdbeeren vom Stielansatz befreien und der Länge nach vierteln, die Himbeeren verlesen.

2 Die Butter in einer Pfanne schmelzen und die Zopfscheiben darin von beiden Seiten hellbraun anrösten.

3 Zopfscheiben auf zwei Tellern anrichten, die Beeren gleichmäßig darauf verteilen, alles mit Zucker bestäuben und zusammen mit der Mascarponecreme servieren.

Zubereitungszeit: 15 Minuten

Tipp: Erdbeeren sind empfindliche Früchte, die sich beim Waschen gerne mit Wasser vollsaugen und dabei viel von ihrem guten Geschmack einbüßen. Um das zu verhindern, sollten sie nur ganz kurz in stehendem Wasser gewendet und gleich wieder herausgenommen werden. Himbeeren sollten überhaupt nicht gewaschen werden!

Varianten: Rösten Sie zusammen mit den Zopfscheiben 3 bis 4 EL Mandelblättchen an, die Sie unter den Erdbeeren verteilen. Das sorgt für zusätzlichen Biss und schmeckt lecker.

Statt normalem Zucker können sie natürlich auch Puderzucker verwenden, das macht die Bruschetta noch etwas feiner.

Dem echten Beerenhunger sind keine Grenzen gesetzt: Sie können genauso gut auch Stachel-, Johannis- oder Heidelbeeren verwenden – oder eine Mischung aus unterschiedlichen Sorten – das bleibt ganz Ihrem Geschmack und dem Marktangebot überlassen.

Schoko-Baileys-Creme

... mit Geling-Garantie

Für 2 Portionen
$1/2$ Vanilleschote
2 EL gemahlene
süße Mandeln
$1/2$ TL gemahlener Zimt
$1/2$ EL Kakaopulver
3 EL Doppelrahm-
Frischkäse
1 TL Baileys Likör
1 EL Honig
2 Scheiben Brot
nach Wahl

Das Mark aus der Vanilleschote kratzen. Vanillemark mit Mandeln, Zimt, Kakao, Frischkäse, Baileys und Honig glatt rühren. Die Brote mit der Creme bestreichen.

Zubereitungszeit: 10 Minuten

Tipps: Noch schneller geht's, wenn Sie auf das Vanillemark verzichten. Die passenden Begleiter zu dieser Creme sind Croissants oder Rosinenbrötchen.

Variante: Für eine winterliche Lebkuchencreme rühren Sie einfach $1/4$ TL Lebkuchengewürz unter die Masse. Sofern Sie dann den Likör weglassen, ist die Creme auch eine Leckerei für Kinder.

Himbeeraufstrich mit Cornflakes

Fruchtig-süß für große Schleckermäuler

Für 2 Portionen
3 EL Cornflakes
100 g Himbeeren
1 Päckchen Bourbon-
Vanillezucker
1 EL Crème fraîche
1 TL Cointreau
1 - 2 TL Honig
2 Scheiben Toastbrot
oder 2 Brötchen

1 Die Cornflakes in einen Gefrierbeutel geben und darin fein zerkrümeln.
2 Die Himbeeren zusammen mit Vanillezucker, Crème fraîche und Cointreau pürieren. Cornflakes-Krümel unterziehen und alles mit Honig abschmecken. Die Brote damit bestreichen.

Zubereitungszeit: 10 Minuten

Tipps: Natürlich können Sie statt der frischen auch aufgetaute TK-Himbeeren verwenden.
Wenn Kinder mitessen möchten, sollte man den Cointreau durch dieselbe Menge Orangensaft ersetzen.

Griechische Honigbrote

... schmecken nicht nur im Urlaub

1 Joghurt und Honig zusammen glatt rühren. Die Melone von der Schale befreien, das Fruchtfleisch in dünne Scheiben schneiden.
2 Das Fladenbrot in Scheiben schneiden, gleichmäßig mit den Melonenscheiben belegen und die Honigcreme darauf verteilen.
Zubereitungszeit: 10 Minuten

Für 2 Portionen
3 EL griechischer Sahnejoghurt
2 TL Honig
1/4 Honigmelone
1/4 Fladenbrot

Variante: Eine ganz andere – aber ebenso leckere – Version entsteht, wenn Sie 100 g Frischkäse mit 2 EL Aprikosenmarmelade und einem kleinen, geraspelten Apfel vermischen.

Süße Brotzeit

Kastanien-Aufstrich

Herbstliche Note

1 Ahornsirup erwärmen und die Kastanien darin 5 Minuten anschwitzen. Butter und Vanillezucker zugeben und alles mit dem Pürierstab oder im Mixer pürieren.
2 Vor dem Servieren ganz erkalten lassen. Anschließend die Brote damit bestreichen.
Zubereitungszeit: 10 Minuten + Kühlzeit: 30 Minuten

Für 2 Portionen
1 EL Ahornsirup
150 g geschälte, vorgekochte Esskastanien (Maronen)
1 EL weiche Butter
1 Päckchen Bourbon-Vanillezucker
2 Scheiben Brot nach Wahl

Tipp: Der nussige Geschmack der Kastanien harmoniert besonders gut mit Vollkornbrötchen oder Sonnenblumenbrot.

Erdnussbutter-Sandwiches

Nicht nur von Kindern heiß geliebt

Rezept zum Foto

Für 2 Portionen
4 Scheiben Sandwich-Brot (oder Hefezopf)
4 EL Erdnussbutter
2 EL Johannisbeergelee
2 EL Himbeergelee

1 Alle Brotscheiben jeweils auf einer Seite gleichmäßig mit der Erdnussbutter bestreichen. Auf einer Scheibe das Johannisbeer-, auf einer zweiten das Himbeergelee verteilen. Die beiden übrigen Scheiben mit der bestrichenen Seite nach unten daraufsetzen, gut andrücken und die Brote so halbieren, dass Dreiecke entstehen.

Zubereitungszeit: 10 Minuten

Varianten: Erdnussbutter ist in zwei Versionen erhältlich: knackig mit Nuss-Stückchen oder cremig. Welche Sie verwenden, bleibt Ihrem Geschmack überlassen. Echte Nuss-Liebhaber kombinieren Erdnussbutter mit einer Nuss-Nougat-Creme.

Verschiedene Gelees und Marmeladen geben dem Sandwich jedes Mal ein neues Gesicht – und im Sommer sind frische pürierte Früchte eine echte Bereicherung.

70

Toast Hawaii auf süße Art

Ein Klassiker in neuer Interpretation

Für 2 Portionen
2 - 3 EL Honig
5 EL Kokosraspel
3 EL Magerquark
1 - 2 EL Rum
4 Scheiben Toastbrot
4 Scheiben Ananas (aus der Dose)
Nach Belieben: Amarenakirschen

1 Backofen auf 200 °C vorheizen. Honig mit Kokosraspeln, Quark und Rum verrühren, Ananas abtropfen lassen.

2 Toastbrot mit den Ananasscheiben belegen, die Kokoscreme gleichmäßig darauf verteilen und im vorgeheizten Ofen 5 bis 10 Minuten überbacken. Nach Wunsch noch mit je einer Amarenakirsche verzieren.

Zubereitungszeit: 10 Minuten + Backzeit: 10 Minuten

Variante: Ersetzen Sie die Ananas durch frische Mangoscheiben und bereiten Sie die Kokoscreme ohne Quark zu – so entsteht im Handumdrehen eine verschlankte Version dieses Toasts.

Provenzalische Feigen-Lavendel-Baguettes

Duftet nach Südfrankreich...

Für 2 Portionen
2 frische reife Feigen
2 EL Honig
1 EL getrocknete
Lavendelblüten
(aus der Apotheke)
6 Scheiben Baguette

Die Haut der Feigen vorsichtig abziehen und die Früchte in Scheiben schneiden. Den Honig mit den Lavendelblüten mischen und die Baguettescheiben gleichmäßig damit bestreichen. Mit den Feigenscheiben belegt servieren.

Zubereitungszeit: 10 Minuten

Variante: Anstelle von Baguette eignet sich auch sehr gut ein nussig-kräftiges Sonnenblumenbrot oder Vollkornbrötchen.

Orangencreme-Brote mit Cointreau

Winterfrüchte neu serviert

Für 2 Portionen
1 Orange
2 EL Mascarpone
2 EL Frischkäse
1 Päckchen Bourbon-
Vanillezucker
1 TL Zucker
1 TL Cointreau
2 Scheiben Bauernbrot

1 Die Orange so schälen, dass die weiße Innenhaut mitentfernt wird. Die Filets aus den Trennwänden herauslösen, 2 bis 4 Filets beiseite legen und die restlichen fein würfeln.

2 Mascarpone mit Frischkäse, Vanillezucker, Zucker und Cointreau glatt rühren, Orangenwürfel unterziehen und die Creme gleichmäßig auf den Broten verteilen. Mit den Orangenfilets garniert servieren.

Zubereitungszeit: 10 Minuten

Tipps: Wenn Kinder mitessen, sollte man den Cointreau durch dieselbe Menge Orangensaft ersetzen.

Wer es weniger süß mag, rührt noch 1 bis 2 EL bittere Orangenmarmelade mit in die Creme.

Amaretto-Creme-Bagels

Mit köstlichem Mandelaroma

Die Nuss-Nougat-Creme mit Mascarpone, Amaretto und Mandeln zu einer glatten Creme verrühren. Die Bagels quer halbieren, gleichmäßig mit der Creme bestreichen und zusammengeklappt servieren.

Zubereitungszeit: 5 Minuten

Variante: Richtig amerikanisch wird's, wenn Sie je 2 EL Erdnussbutter und Mascarpone miteinander glatt rühren und die Mandeln durch gemahlene Haselnüsse ersetzen. Anstelle von Amaretto eignet sich für diese Version dann sehr gut Baileys (Whiskylikör). Welche Variante auch immer: Leider nichts für Kids!

Für 2 Portionen

2 EL Nuss-Nougat-Creme
2 EL Mascarpone
1 EL Amaretto
2 EL gemahlene Mandeln
2 Bagels

Punschkirschen-Brote
mit Marzipancreme

Tröstet Erwachsene bei Herbststurm & Winterwetter

1 Die Kirschen abtropfen lassen, dabei 3 bis 4 EL Saft auffangen. Rotwein mit Zucker, 2 EL Kirschsaft und Glühweingewürz aufkochen und 5 Minuten ziehen lassen. Inzwischen Speisestärke mit 1 EL Kirschsaft glatt rühren. Nach der Wartezeit angerührte Stärke und Kirschen mit in den Topf geben, den Beutel mit Glühweingewürz wieder entfernen und alles einmal aufkochen, danach abkühlen lassen.

2 Inzwischen Marzipan raspeln oder fein würfeln und mit dem Frischkäse zu einer glatten Masse verrühren. Die Marzipancreme gleichmäßig auf den Broten verteilen, darüber die Punschkirschen geben und servieren.

Zubereitungszeit: 30 Minuten

Variante: Diese winterliche Brotzeit-Version verträgt eine kräftige Unterlage. Wie wär's denn mal mit Vollkornbrot oder -brötchen?

Für 2 Portionen

100 g entsteinte Sauerkirschen
(aus dem Glas)
4 EL Rotwein
1 EL Zucker
1 Aufgussbeutel
Glühweingewürz
1 EL Speisestärke
50 g Marzipan-Rohmasse
50 g Frischkäse
2 Scheiben
Natursauerteigbrot

Röst-Baguette mit Safran-Kumquats

Originell auch als Dessert

Für 2 Portionen
8 Kumquats
2 EL Honig
1 - 2 EL Cointreau
3 - 4 Fäden Safran
1/4 TL Zimt2 EL Butter
4 Scheiben Baguette
2 EL Johannisbeer-Gelee
1 EL Orangen-Marmelade
2 EL Mascarpone

1 Die Kumquats heiss abwaschen, von Stielansätzen befreien und in Scheiben schneiden. Gut 1 EL Honig mit den Kumquats und Cointreau in einem Topf erhitzen, Safran und Zimt zugeben und ca. 10 Minuten bei mittlerer Hitze ziehen lassen. Anschließend abkühlen lassen.

2 Inzwischen die Butter in einer Pfanne erhitzen und die Baguettescheiben darin goldbraun anrösten. Johannisbeergelee mit der Orangenmarmelade glatt rühren und auf den Brotscheiben verteilen.

3 Die Kumquat-Scheiben abtropfen lassen, auf den Broten verteilt anrichten, den restlichen Honig mit Mascarpone mischen und zum Garnieren jeweils einen Klecks davon auf jedes Baguette setzen.

Zubereitungszeit: 20 Minuten + Garzeit: 10 Minuten

Tipps: Diese aromatische Baguette-Version eignet sich auch hervorragend als Dessert zum krönenden Abschluss eines tollen Menüs. Sie lässt sich bestens vorbereiten, nur der Klecks Mascarpone zum Garnieren sollte erst kurz vor dem Servieren aufgesetzt werden.

Wie bei allen Rezepten mit Cointreau gilt auch hier: Für Kinder den Likör durch dieselbe Menge Orangensaft ersetzen.

Varianten: Wer es gerne süßer mag, kann die – leicht bitteren – Kumquats durch Physalis (Kapstachelbeeren) ersetzen. Sie sind mit wenig Aufwand zu verarbeiten, da man lediglich die äußere papierene Hülle entfernen und die Beeren in Scheiben schneiden muss. Die Garzeit verringert sich dann allerdings auf höchstens 5 Minuten.

Mascarpone kann durch dieselbe Menge Magerquark ersetzt werden, der – mit 1 TL kohlensäurehaltigem Mineralwasser glatt gerührt – auf kalorienfreie Weise cremig wird.

Register

Die Autorin:
Maria Pareth, Köchin aus Leidenschaft, probiert gern Neues, kombiniert oft Klassisches mit Ungewohntem und achtet bei aller Lust am Experimentieren stets darauf, dass ihre Rezepte auch für Küchenanfänger leicht nachzukochen sind. Sie hat bereits mehrere erfolgreiche Kochbücher veröffentlicht.

Folgende Rezepte entstanden in Zusammenarbeit mit der Rosenheimer Firma **aran – BROTGENUSS & KAFFEEKULT**:
Artischockencreme mit Thunfisch
Feta-Avocado-Creme
Lammhackfleisch mit Minzejoghurt
Nuss-Bananen-Creme
Radieschen-Meerrettich-Aufstrich
Seattle-Lachscreme
Wild-Curry-Brotaufstrich
„Wild Ginger"-Mangomus

Anregungen und Hinweise sind jederzeit willkommen:
info@seehamer.de oder Postfach 61, D-83629 Weyarn
Besuchen Sie uns auch im Internet: www.seehamer.de

Bildnachweis:
Creativ collection: Seite 2/3, 78/79
Food Centrale GmbH, Hamburg: Umschlag Rückseite (oben + unten), Seite 6/7, 25, 35, 55, 67
PhotoAlto: Seite 4/5, 8, 9, 10, 11, 12/13, 30/31, 46/47, 62/63, 77
StockFood, München: Umschlag Vorderseite, Umschlag Rückseite (Mitte), Seite 17, 21, 29, 39, 43, 51, 59, 71, 75

© 2002 Seehamer Verlag GmbH, Weyarn
Alle Rechte vorbehalten
Redaktion, Gestaltung + Satz: Bine Cordes, Weyarn
Lektorat: Bücherwerkstatt Peter Bramböck, München-Riem
Lithografie: Fotolito Longo, Bolzano
Druck und Bindung: Officine Grafiche De Agostini, Novara
ISBN 3-934058-83-3

Abkürzungen:

EL	=	Esslöffel
TL	=	Teelöffel
l	=	Liter
ml	=	Milliliter
ø	=	Durchmesser
TK	=	Tiefkühlware
°C	=	Grad Celsius